# 생성 AI와 융합 교육

## 인공지능총서

인공지능 시대입니다. 기계가 인간의 인지를 대신하고, 사물이 인간을 통하지 않고 다른 사물과 직접 커뮤니케이션합니다. 이에 따른 인간 삶과 문명 변화를 정확히 이해·예측·대응하는 것은 이 시대 우리 모두의 과제입니다. 인공지능총서는 인공지능 기술과 환경의 여러 주제를 10가지 키워드로 정리합니다. 관련 개념과 이론, 학계와 산업계의 쟁점, 우리 일상의 변화를 다룹니다. 인간과 기술의 현재, 미래를 세심히 분석합니다.

## 일러두기

- 인명, 작품명, 저서명, 개념어 등은 한글과 함께 괄호 안에 해당 국가의 원어를 병기했습니다.
- 외래어 표기는 현행 어문규정의 외래어표기법을 따랐습니다.

처음이세요?

전문가세요?

# 생성 AI와 융합 교육

원종윤

대한민국, 서울, 커뮤니케이션북스, 2024

# 생성 AI와 융합 교육

지은이 원종윤
펴낸이 박영률

초판 1쇄 펴낸날 2024년 10월 31일

커뮤니케이션북스(주)
출판 등록 2007년 8월 17일 제313-2007-000166호
02880 서울시 성북구 성북로 5-11
전화(02) 7474 001, 팩스(02) 736 5047
commbooks@commbooks.com
www.commbooks.com



ISBN 979-11-288-9963-8 03500

책값은 뒤표지에 표시되어 있습니다.

# 차례

# 기술과 인간성의 균형을 찾아서

## 생성 AI의 등장과 교육계의 변화

2022년 말 생성 AI의 등장은 교육계에 지각변동을 일으켰다. 불과 1년 반 만에 AI는 우리의 일상과 교육 현장에 깊숙하게 침투했고, 이제 우리는 AI와 함께 살아가는 법을 배워야 하는 시대를 맞이했다.

챗GPT가 등장한 지 석 달이 채 안 된 2023년 2월, 에이아이프렌즈학회는 '공무원 · 공공기관을 위한 챗GPT 활용 가이드' 워크숍을 개최했다. 이때 우리가 전한 핵심 메시지는 '최대한 보수적으로 활용해라'였다. 사람들이 간과하고 있던 할루시네이션과 정보 유출의 위험을 강조해야 했기 때문이다. 챗GPT는 출시 5일 만에 100만 사용자를 돌파하고 두 달 만에 월 사용자 1억 명을 돌파하며 생산성을 확실히 높여 줄 것으로 주목받던 초기였다.

챗GPT의 등장은 AI 기술 발전의 정-반-합 과정을 잘 보여 주는 사례다. 초기에는 챗GPT의 놀라운 능력에 대한 긍정적인 반응(정)이 주를 이루었다. 복잡한 질문에 대한 즉각적인 응답, 다양한 문체의 글쓰기, 코드 생성 등 그 활용 가능성에 많은 이들이 열광했다. 그러나 곧 AI의 편향성, 허위 정보 생성, 저작권 문제, 윤리적 딜레마 등 부정적인 측면(반)이 드러나기 시작했다. 이는 AI 기술의 한계와 잠재적 위험성에 대한 경각심을 불러일으켰다. 이러한 긍정과 부정의 충돌은 결국 AI 기술의 책임 있는 개발과 활용에 대한 새로운 접근 방식(합)을 이끌어 냈다. 윤리적 가이드라인 수립, AI 리터러시 교육 강화, 인간-AI 협력 모델 개발 등이 그 예다.

이러한 AI 기술 발전의 역동적인 과정을 거치면서, 교육 현장에서는 AI를 어떻게 효과적으로 통합할 것인지에 대한 실험적 시도들이 활발히 이루어지기 시작했다.

AI 시대의 융합 교육은 각 대학과 전공이 자신들의 특성에 맞게 생성 AI를 어떻게 활용할지 고민하며 새로운 교과목을 개설하는 것에서 시작된다. 돌이켜 보면, 이러한 시도들이 AI 융합 교육의 실질적인 모습을 만들어 가고 있었다. 예를 들어, 디자인 전공에서는 생성 AI를 활용한 디자인 과목을 개설해 학생들에게 새로운 도구와 방법론을 소개한다. 이 과정에서 학생들은 단순히 AI 기술을 배우는 것을 넘어, 저작권의 중요성을 스스로 깨닫고 이에 대한 스터디 모임을 만드는 등 자발적인 학습으로 이어질 수 있다. 또한, AI를 디자인에 더 효과적으로 활용하기 위해 오히려 전통적인 손그림 훈련을 강화하는 등, AI와 인간 능력의 상호 보완적 관계를 이해하고 발전시키는 모습을 보인다.

이러한 사례들은 AI 융합 교육이 단순히 새로운 기술을 가르치는 것이 아니라, 학생들이 AI를 자신의 전문 분야에 창의적으로 적용하고, 이 과정에서 발생하는 다양한 문제들에 대한 구체적인 해결 방법을 찾아내어 궁극적으로는 자신의 전문성을 더욱 높이는 방향으로 나아가고 있음을 보여 준다. 결국, AI 시대의 융합 교육은 실제 시도와 경험을 통해 발전하고 있으며, 이는 AI를 효과적으로 활용하고 이해하는 미래 인재를 양성하는 핵심적인 교육 방식으로 자리 잡아 가고 있다.

## 세대별 AI 수용과 적응

생성 AI의 급속한 발전과 교육 분야로의 도입은 각 세대별로 다른 경험과 적응 과정을 거치게 했다. 생성 AI에 대해서는 교수자와 학습자 모두가 초반에는 새롭게 배워야 하는 환경에 처하는데 교육 현장에서 이러한 기술 변화를 수용하고 활용하는 방식은 세대 간 차이를 보이기도 한다. 따라서 생성 AI를 교육에 접목하는 과정에서 각 세대의 특성을 이해하고 활용하는 것이 중요해졌으며, 이는 보다 효과적이고 포용적인 교육 환경 조성에 기여할 수 있다.

시각디자인학과 교수로서 메타버스와 생성 AI 활용까지 급변하는 콘텐츠 제작 과정을 빠르게 교육에 녹여 내면서 새삼 1980년대생인 것이 축복이라는 생각을 했다. 이전 세대가 발전시킨 기술을 나도 모르는 사이에 일상에서 얼리어답터로서 활용하는 경험을 할 수 있었기 때문이다. 1980년대생은 기술 혁명의 최전선에서 성장한 독특한 세대다. 이들은 비디오게임과 PC통신으로 디지털 세계에 입문해, 인터넷의 폭발적 성장을 목격했다. 세이클럽과 싸이월드에서 시작된 온라인 소셜 네트워킹 경험은 페이스북으로 이어졌고, 이제는 클라우드 기반의 서비스를 자연스럽게 활용한다. 기기의 진화도 이들과 함께했다. 퍼스널 컴퓨터의 대중화를 경험했고, 통신수단은 아날로그 전화에서 삐삐를 거쳐 휴대폰, 그리고 스마트폰으로 빠르게 진화했다. 이러한 폼팩터의 변화와 함께 자란 1980년대생들은 새로운 기술을 빠르게 습득하고 적응하는 능력을 자연스럽게 갖추게 되었다. 이들의 경험은 디지털 네이티브와 아날로그 세대 사이의 가교 역할을 하며, AI 시대의 변화를 수용하고 이끄는 데 중요한 역할을 하고 있다.

1990년대생은 디지털 환경에서 태어나 성장한 첫 세대라고 할 수 있다. 이들에게 인터넷은 생활의 일부분이었으며, 스마트폰과 소셜 미디어는 청소년기부터 자연스럽게 사용했다. 유튜브, 인스타그램, 틱톡과 같은 플랫폼을 통해 콘텐츠를 소비하고 생산하는 것이 일상이 되었다. 클라우드 서비스, 스트리밍 플랫폼, 모바일 결제 등의 기술을 어릴 때부터 당연하게 여겼다. 이들은 AI와 VR/AR 기술의 발전을 실시간으로 경험하며, 이러한 기술을 일상과 직업에 적극적으로 수용하고 있다. 1990년대생의 이러한 경험은 디지털 기술을 더욱 직관적으로 이해하고 활용하는 능력을 갖추게 했으며, 빠르게 변화하는 기술 환경에 유연하게 대응할 수 있는 역량을 제공했다.

2000년대생은 디지털 세계에 태어나 기술과 함께 성장한 첫 세대다. 이들은 유아기부터 스마트폰과 태블릿을 접하며, 터치스크린을 통해 세상을 인식하기 시작했다. 페이스북, 인스타그램, 틱톡과 같은 소셜 미디어 플랫폼은 이들의 주요 소통 수단이 되었고, 넷플릭스와 유튜브 같은 스트리밍 서비스는 엔터테인먼트의 기본이 되었다. AI 비서와 추천 알고리즘은 일상의 일부분이며,

현실과 가상 세계를 자유롭게 넘나드는 것이 자연스럽다. 온라인 교육 플랫폼과 교육용 앱을 통한 개인화된 학습 경험은 이들의 교육 방식을 크게 변화시켰다. 2000년대생은 단순한 기술 소비자를 넘어 디지털 도구를 활용한 창작자로서의 역할도 수행하고 있다. 이러한 환경에서 성장한 이들은 새로운 기술에 대한 수용성이 매우 높으며, VR, AR, 메타버스와 같은 첨단 기술을 일상적으로 받아들이고 있다. 이들의 경험은 기술과 인간의 공존에 대한 새로운 패러다임을 제시하고 있으며, 미래 사회의 모습을 선도적으로 보여 주고 있다.

그러나 이러한 디지털 네이티브 세대의 기술 활용 능력이 항상 긍정적인 결과만을 가져오는 것은 아니다. 최근의 연구들은 스마트폰과 소셜 미디어의 과도한 사용이 이 세대의 정신 건강에 부정적인 영향을 미칠 수 있다는 우려를 제기하고 있다. 조너선 하이트 교수의 『불안 세대』에서 지적한 바와 같이, 1996년 이후 태어난 Z세대는 '가상 세계의 과소보호와 현실 세계의 과잉보호'로 인해 우울증, 불안 증세, 자해 등의 정신 건강 문제가 증가하고 있다. 특히 여성 청소년들에게서 이러한 현상이 두드러지게 나타나고 있다.

따라서 생성 AI와 같은 새로운 기술을 교육에 도입할

때는 이러한 디지털 기술의 양면성을 충분히 고려해야 한다. 기술의 효과적인 활용과 함께 학생들의 정신 건강을 보호하고 균형 잡힌 발달을 지원하는 방안을 함께 모색해야 한다. 예를 들어, AI 기술을 활용한 학습과 함께 대면 상호작용과 실제 경험을 강화하는 교육 프로그램을 병행하거나, 디지털 기기 사용 시간을 적절히 제한하는 등의 방안을 고려할 수 있다. 이를 통해 새로운 기술의 장점을 최대한 활용하면서도 학생들의 전인적 발달을 도모하는 균형 잡힌 교육 환경을 조성하는 것이 앞으로의 중요한 과제가 될 것이다.

## AI 융합 교육의 실제

1980년대생인 나는 코로나 팬데믹 때 신속하게 클라우드를 활용한 공유와 협업을 수업에 도입할 수 있었고, 1990년대생인 학생들은 구체적인 방법을 가르쳐 주지 않고 구글 드라이브, 노션(Notion)과 잔디(Jandi)에 초대하는 것만으로도 빠르게 적응해 수업에 참여했다. 2021년 게더타운(gethertown)으로 메타버스를 활용한 비대면 수업을 시작했을 때, 학생들은 수업에 참여해 본 경험만으로 곧 프로슈머가 되어 그해 졸업작품전 행사를 위한 동명대학교 캠퍼스 맵을 만들고 다양한 협업 도구를 응용해서 성공적으로 졸업작품전을 진행했다. 어떤 새로운 시도를 하든 학생들은 그 이상을 해냈다. 비대면 수업의 특성상 모든 과정을 온라인으로 공유하게 되면서 구체적인 기록이 남았고, 이걸 정리해서 대학생 학술대회에 발표하기도 하고, 뉴스에 보도가 되기도 하면서 학생들은 자신감을 얻고 끊임없이 새로운 도전을 하며 생성 AI까지 자연스럽게 받아들여 교육에 적극적으로 활용하게 되었다.

시각디자인학과는 생성 AI 교육을 수용하기에 유리한 환경을 갖추고 있었다. 이 학과의 커리큘럼은 이미 문제 정의와 해결 과정을 중심으로 한 디자인 씽킹을 교육 전반에 녹여 내고 있어, 학생들은 새로운 기술을 창의적으로 접근하고 활용하는 데 익숙했다. 또한, 시각디자인 분야의 특성상 학생들은 새로운 미디어와 기술을 빠르게 습득하고 적용하는 능력이 뛰어났다. 특히, 오픈AI의 DALL-E 2와 같은 이미지 생성 AI가 등장하면서 콘텐츠 분야에 큰 충격을 주었는데, 이는 시각디자인 학생들에게 AI 기술의 잠재력과 영향력을 직접적으로 체감하게 하는 계기가 되었다. 이러한 경험은 SW중심대학사업단의 지원으로 공대 학생들과 다학제적인 연계전공 운영으로 이어졌고, 덕분에 개발자와 기획자, 디자이너 역할의 최소 인원이 갖춰진 애자일 프로세스 운영이 가능한 팀이 구성되어 새로운 기술을 받아들이고 기술을 활용해 캡스톤 프로젝트를 진행할 수 있는 최적의 상태가 갖추어졌다.

이러한 환경에서 애자일 프로세스는 AI 기술을 교육에 접목하는 데 중요한 역할을 했다. 애자일 프로세스는 빠르게 변화하는 요구 사항에 유연하게 대응하며 지속적인 개선을 추구하는 방법이다. 이 방식은 작은 단위의 개발 주기를 반복하며 각 단계마다 피드백을 받아 프로젝트를 개선해 나간다. 다학제적 연계전공으로 인해 새로운 아이디어를 생성 AI를 활용해 곧바로 디자인하고 개발한 뒤 검토하면서 점진적으로 발전시킬 수 있는 팀이 구성된 것이다.

프로젝트 기반 학습(PBL)과 결합된 애자일 방식은 AI 교육에 특히 효과적이었다. 학생들은 실제 문제를 해결하는 프로젝트를 수행하면서 AI 기술을 학습하고 적용했다. 이 과정에서 학생들은 AI 가 적용된 서비스의 시제품을 개발하고, 그 결과를 즉시 확인하며, 필요에 따라 신속하게 수정할 수 있었다. 이는 빠르게 발전하는 AI 기술의 특성과 잘 맞았고, 학생들이 최신 기술 트렌드를 따라가는 데 도움이 되었다.

더욱이 애자일 문화는 팀 협업을 강조하는데, 이는 다학제적 연계전공의 특성과 잘 어우러졌다. 개발자, 기획자, 디자이너로 구성된 팀은 각자의 전문성을 바탕으로 AI 프로젝트에 다양한 관점을 제공했다. 이러한 협업은 AI 기술을 더욱 창의적이고 실용적으로 적용하는 데 기여했으며, 학생들이 실제 산업 현장에서 요구되는 팀워크 능력을 기르는 데도 도움이 되었다.

돌이켜 보면 아직 성숙하지 않은 기술을 교육에 도입해 도전적으로 다양한 시도를 할 수 있었던 이유가 여럿 있었는데, 그중 하나는 대학교육이 성인을 대상으로 한다는 것이고 다른 하나는 학생들이 이미 전공을 선택해 자신들의 전문 분야가 있었기 때문이다. 따라서 새로운 기술을 단순히 체험하는 데 그치지 않고 졸업과 동시에 이 기술을 자신의 전문 분야에 활용해야 한다는 뚜렷한 목표가 있었기 때문에 보다 진지하게 다양한 문제를 발굴하고 해결하고, AI로 부족한 부분은 전공 지식과 기존 방식을 활용해 해결할 수 있었다. 학생들은 단순히 새로운 기술을 체험하는 수준을 넘어, 자신의 전문 분야에 AI를 실질적으로 적용하는 방법을 모색했다. 이는 졸업 후 실제 업무 환경에서 AI를 활용할 수 있는 능력을 키우는 데 큰 도움이 되었다.

특히, 챗GPT가 대중에게 알려진 지 2년도 채 되지 않은 시점에서 이루어진 이러한 교육적 시도는 매우 의미 있는 것이었다. 이 짧은 기간 동안 압축적으로 이루어진 경험은 생성 AI 교육의 방향성을 설정하는 데 중요한 역할을 했다. 대학생들의 교육 사례는 실무자들에게는 새로운 기술 적용의 가능성을, 중고등학생들에게는 미래 진로 탐색의 기회를 제공하는 가교 역할을 했다.

이러한 성과를 바탕으로, 생성 AI 교육의 대상과 범위가 확대되었다. 교육청 특강, 학교 관리자 대상 연수, 기업 맞춤형 교육 등 다양한 형태의 교육 프로그램으로 발전하면서, AI 활용 교육의 저변이 넓어졌다. 이는 단순한 기술 교육의 확산을 넘어, 사회 전반에 걸쳐 AI 기술을 이해하고 활용하는 능력 향상에 대한 수요가 반영된 것이다.

그중에서 생성 AI 활용 교육 경험을 더욱 다채롭게 하게 된 계기는 교대 대학원 수업이었다. 2021년 메타버스를 활용한 실기수업 경험 덕분에 청주교대와 한국교원대 수업을 하게 되었는데 교육 대상인 대학원생들은 모두 현직 교사들이었다. 2022년 여름부터 지금까지 3년째 초중고 교사를 대상으로 메타버스, 생성 AI를 가르치고 있다. 내가 교사들에게 생성 AI등 새로운 기술 트렌드를 소개하고 교육 경험을 공유하면 교사들은 각 학교 급과 교과목의 특성에 맞춰 교수학습지도안(수업계획서)과 토이프로젝트를 하나씩 만드는 프로젝트 기반 학습(PBL)이다. 한국교원대 겨울학기의 경우 2023년 1월 계절학기에는 140명에 가까운 교사들이 수업에 참여했는데, 교육 과정은 팀티칭으로 이루어진다. 계절학기 2주 중 첫째 주는 팀티칭에 참여하는 강사 다섯 명이 온라인 강의를 e클래스에 업로드하면 대학원생(교사)들이 하루에 한 과목씩 온라인 수업을 듣고 PBL 방향을 설정하는 플립러닝 과정을 거친다. 2주차에는 다섯 반으로 분반해 담당 강사들과 수업을 설계하는 PBL을 진행한다. 그 학기에는 교사 27명이 내 수업에서 수업 계획과 수업 자료를 만드는 캡스톤 프로젝트를 완료했다. 팀티칭에 참여하는 강사들이 수업을 준비하는 과정도 인상적이었다. 한국교원대 'AI 융합 교육 전공 프로젝트' 수업의 책임교수였던 김귀훈 교수는 팀티칭 강사들에게 4차시의 온라인 강의 영상과 수업계획서, 강의 교재를 제작하는 캡스톤 프로젝트를 나눠 주었는데 이 과제는 2주차에 대학원생(교사)들이 수행해야 하는 과제와 판박이였다.

이러한 교육 경험은 지속 가능한 PBL과 협력적 교육 모델의 중요성을 잘 보여 준다. 이 과정에서 '가르침'과

‘배움’이 순환하고 확장되는 구조가 형성되었다. 먼저, 대학원 수업에서 이루어진 PBL은 단순한 학습을 넘어 실제 교육 현장에 적용 가능한 결과물을 만들어 내는 과정이었다. 교사들은 생성 AI와 같은 최신 기술을 학습하고, 이를 자신의 교과목과 학교급에 맞게 재구성하는 과정을 통해 깊이 있는 학습을 경험했다. 이는 이론과 실제를 연결하는 지속 가능한 PBL 모델의 좋은 사례다. 협력 학습의 측면에서, 이 과정은 다양한 배경을 가진 교사들이 서로의 경험과 아이디어를 공유하고 발전시키는 플랫폼이 되었다. 각자의 전문성을 바탕으로 한 토론과 협력은 생성 AI 교육에 대한 다각도의 접근을 가능하게 했다. 협력적 교육 모델은 팀티칭 구조에서 잘 드러난다. 여러 전문가가 함께 강의를 구성하고, 대학원생(교사)들과 상호작용하는 과정은 다양한 관점과 전문성이 융합되는 기회를 제공했다. 이러한 접근 방식은 복잡한 AI 기술을 교육에 적용하는 데 중요한 역할을 했다.

가장 주목할 만한 점은 ‘가르침’과 ‘배움’의 순환 구조다. 대학 교수가 교사들에게 가르치고, 교사들은 다시 학생들에게 가르치는 과정에서, 단계마다 새로운 통찰과 적용 방법이 생겨났다. 더욱이 강사들이 교사들과 동일한 과제를 수행하는 구조는 ‘가르치는 자’와 ‘배우는 자' 사이의 경계를 허물고, 모두가 학습자이자 교육자가 되는 환경을 조성했다. 이러한 구조는 지식과 경험이 확장되고 진화하는 생태계를 만들어 냈다. 대학에서 시작된 AI 교육이 초중고 교육 현장으로 확산되고, 다시 그 경험이 대학으로 피드백되는 순환 구조가 형성된 것이다. 이는 모두가 학습자이자 교육자가 되는 환경을 조성했고, 급변하는 AI 기술에 대한 이해와 적용 방법을 함께 모색할 수 있게 했다.

## AI 시대의 도전과 인간다움의 가치

AI 기술의 발전은 우리에게 "더 생산적이고 창의적인 일에 시간과 에너지를 투입할 수 있는" 기회를 제공한다는 이상적인 전망이 있지만, 현실은 이보다 훨씬 복잡하다. AI가 반복적이고 시간 소모적인 작업을 자동화할 수 있는 것은 사실이지만, 이로 인해 늘어난 시간이 정말로 의미 있는 활동으로 채워질지는 의문이다.

현대의 콘텐츠 소비 방식 — 영화 요약본 보기, 빨리 보기, 쇼츠로 보기 등 — 은 과거의 깊이 있는 몰입형 경험과는 확연히 다르다. 이러한 방식은 빠른 정보 습득은 가능하게 하지만, 상황에 깊이 몰입해 문제를 정의하고 공감하는 능력을 저해할 수 있다. 오히려 사람들은 AI 기술을 따라잡기 위해 더 바빠지고, 새로운 기술을 끊임없이 학습해야 하는 부담을 느끼며, 동시에 자신의 전문 분야에서도 경쟁력을 유지하기 위해 더 많은 노력을 기울여야 한다.

더욱이 '생산성'과 '창의성'이라는 이름 아래 더 많은 일을 해내야 한다는 압박은 진정한 창의성과 혁신을 위해 필요한 여유와 성찰의 시간을 빼앗을 수 있다. 영화를 천천히 감상하거나, 소설에 깊이 빠져들거나, 자연 속에서 사색하는 등의 활동은 단기적인 생산성 향상에 기여하지 않을 수 있지만, 장기적으로 우리의 창의성과 통찰력을 키우는 데 필수적이다.

우리는 AI가 만들어 낸 효율성이 오히려 우리를 더 바쁘게 만들고, 깊이 있는 경험과 사고의 기회를 빼앗아 가는 역설적 상황에 주의해야 한다. 진정으로 중요한 일이란 단순히 더 많은 일을 처리하는 것이 아니라, 인간만이 할 수 있는 깊이 있는 사고와 공감, 그리고 창의적 표현을 통해 세상을 더 나은 곳으로 만드는 것이어야 한다.

2024년 5월 13일, 오픈AI(OpenAI)의 GPT-4o 발표는 마치 영화 속 장면이 현실이 된 듯한 인상을 주었다. 기술의 원리를 복잡하게 설명하는 대신, 실생활에서 GPT-4o를 어떻게 활용할 수 있는지 생생하게 보여 주었다. 아이폰을 통해 AI와 자연스럽게 대화하고, AI가 사용자의 표정과 주변 상황을 인식해 반응하는 모습은 마치 영화 〈그녀(Her)〉의 한 장면을 연상시켰다.

AI 기술의 발전 속도는 지난 20여 년간 놀라울 정도로 빨라졌다. ≪타임(TIME)≫ 지가 컨텍추얼AI(Contextual AI)의 데이터를 바탕으로 제시한 그래프에 따르면, AI 기술은 2022년 이후 특히 급격한 발전을 보였다. 이는 챗GPT의 출시 시기와 일치한다. 챗GPT 출시 이후 코드 생성, 상식 추론, 초등 수학 문제 해결 등의 분야에서 AI 성능이 급격히 향상되어 인간 수준을 빠르게 추월하는 모습을 보였다. 인공지능 분야 전문가가 아닌 일반인들이 체감할 만큼 급진적으로 실무와 교육은 물론 일상생활에까지 깊숙하게 개입하기 시작했다. 그러나 인간 수준을 뛰어넘은 시점은 이보다 훨씬 이전이다. 필기 인식 분야에서는 이미 2014년경에 인간 수준을 넘어섰다. 이미지 인식 분야도 비슷한 시기에 인간 수준을 추월했다. 음성 인식은 2017년경에 인간 수준에 도달했으며, 언어 이해 분야는 2020년 즈음에 인간 수준을 넘어섰다. 이러한 추세는 AI 기술이 점진적으로 발전하다가 특정 시점에서 급격한 성능 향상을 보이며, 이후 다양한 분야에서 인간의 능력을 빠르게 추월하고 있음을 보여 준다.

하지만 AI 기술의 발전 속도와 전망에 대해서는 상반된 견해가 존재한다. 일부 전문가들은 AI의 실용성과 경제적 가치에 대한 의문을 제기하며 'AI 빙하기'를 우려하고 있다. 이러한 대비되는 전망은 AI 기술의 복잡성과 그 영향력의 불확실성을 반영한다.

급격한 AI 기술의 발전과 그 전망에 대한 상반된 견해 속에서, 우리는 SF 영화의 한 장면 같은 현실을 마주하고 있다. 이러한 상황에서 장강명 작가가 제시하는 'STS SF(Science, Technology and Society)'와 '월급사실주의'라는 두 가지 새로운 문학 형태는 우리에게 중요한 시사점을 던져 준다. STS SF는 과학기술이 사회와 일상에 미치는 영향을 탐구하며, 월급사실주의는 현대인들의 일과 삶의 현실을 세밀하게 조명한다. 이 두 장르는 우리에게 기술과 일상에 대한 귀중한 간접 경험을 제공하며, 생성 AI 시대에 우리가 나아가야 할 방향을 제시하는 듯하다.

AI로 인해 아낀 시간을 단순히 더 많은 일을 처리하는 데 쓰는 대신, 인간다움을 찾고 인간의 삶을 깊이 이해하는 데 할애하는 것이 더욱 중요해지고 있다. UX 리서치에서 강조하는 관찰과 공감의 과정도 결국은 인간의 삶을 더 자세히 들여다보고 이해하려는 노력이다. 이러한 맥락에서, 생성 AI 교육의 방향도 재고해 볼 필요가 있다.

AI 기술의 단순한 시연이나 일회성 체험을 넘어, 학생들이 자신의 전공이나 관심 분야에서 AI를 실제로 활용하고 응용할 수 있는 능력을 개발하도록 해야 한다. 이는 AI를 도구로 활용해 해당 분야의 문제를 해결하거나 새로운 가치를 창출하는 방법을 배우는 것을 포함한다. 동시에 기본적인 읽기와 쓰기 능력, 비판적 사고력, 인문학적 소양을 강화하는 데도 주력해야 한다. 다양한 경험을 통해 세상을 이해하고 공감하는 능력을 키우는 것도 중요하다. 궁극적으로 이는 AI를 효과적인 도구로 활용하되, 그를 통해 인간의 삶과 사회를 더 깊이 이해하고 개선하는 데 초점을 맞추는 교육을 의미한다.

더불어, 인간보다 뛰어난 퍼포먼스를 보이는 AI와 로봇이 등장하는 시대에는 경쟁의 강도와 질이 우리가 감당하기 힘든 수준으로 높아질 수 있다. 이러한 상황에서 무한 경쟁보다는 나눔과 협력의 문화를 만들어 가는 것이 중요하다. AI와 로봇을 동료이자 도구로 활용하면서, 인간 사회의 연대와 협력을 더욱 강화해 나가야 한다.

생성 AI의 등장과 함께 우리는 완벽주의적 접근에서 벗어나, 부족함을 인정하고 공유하는 문화로 전환되는 과정을 목격하고 있다. 이러한 변화는 새로운 기술 시대에 빠르게 적응하는 사람들의 특징을 잘 보여 준다. 이들은 실패를 두려워하지 않고 시행착오를 통해 학습하며, 불완전한 결과물을 공유하고 함께 개선해 나가는 것을 두려워하지 않는다. 또한, 지속적인 학습과 적응을 통해 AI 기술의 발전 속도를 따라가면서도 인간만의 고유한 가치와 능력을 잊지 않는다.

결국 AI 시대에 우리에게 정말 필요한 것은 기술의 발전 속도를 쫓아가는 것이 아니라 그 속에서 인간다움을 지키고 발전시키는 방법을 찾는 것이다. 이는 단순히 개인의 문제가 아니라 교육과 사회 전체가 함께 고민하고 해결해 나가야 할 과제다. 우리는 기술 발전의 이면에 있는 이러한 복잡한 현실을 인식하고, 더 나은 미래를 위해 인간의 삶을 깊이 이해하고 다양한 문제를 해결하는 데 집중해야 할 것이다. 이러한 접근 방식은 AI와 함께 발전하면서도 인간다움을 잃지 않는 균형 잡힌 미래를 만들어 가는 데 핵심적인 역할을 할 것이며, 경쟁보다는 협력과 나눔의 가치를 중심으로 한 새로운 사회 문화를 형성하는 데 기여할 것이다.

## 참고문헌

구은서(2023.9.19). 월급사실주의 작가들의 등장… “현실의 밥벌이를 치열하게 쓰겠다”. 한국경제.
https://www.hankyung.com/article/202309190361i

신재우(2023.7.14). 장강명, SF소설가...'당신이 보고 싶어하는 세상'. 뉴시스.
https://www.newsis.com/view/?id=NISX20230714_0002376495#

이덕주(2024.7.31). AI 과잉투자론 확산 … 월가 “인간 노동 대체하기엔 너무 비싸”. 매일경제.
https://www.mk.co.kr/news/it/11081700

조너선 하이트(2024). 이충호 옮김. 『불안 세대』, 웅진지식하우스.

Will Henshall(2023.08.02). 4 Charts That Show Why AI Progress Is Unlikely to Slow Down.
https://time.com/6300942/ai-progress-charts/

# 01
# 교육에 등장한 생성 AI

생성 AI의 등장은 교육계에 어떤 변화를 가져오고 있는가. 2022년 갑자기 등장한 생성 AI 기술의 발전 과정과 그것이 교육계에 미치는 영향, 그리고 AI 융합 인재 양성의 중요성을 살펴본다. AI가 몰고 온 교육계의 지각변동을 살펴보고, 미래 교육을 위한 시급한 과제들을 탐색한다. AI를 활용할 줄 아는 사람이 그렇지 못한 사람을 대체하는 시대, 우리는 어떻게 대비해야 할까?

AI와 1인 창업?

## 창작하는 AI의 등장

2022년 4월 7일 AI 커뮤니티 오픈채팅에 텍스트 그대로 이미지로 구현해 주는 텍스트 투 이미지(T2I: Text-to-Image) 생성 AI 달리 2(DALL · E 2)가 소개되었다. 오픈 AI에서 4월 6일 발표했으니 하루가 채 지나지 않아서다. 글로 표현하는 그대로 그림으로 나타내 주는 AI, 글로 쓰는 상황 묘사의 맥락에 맞게, 지정하는 스타일로 이미지를 무한 생성해 내는 AI는 누가 봐도 놀라운 것이었다. AI 커뮤니티 채팅방에는 하루가 멀다 하고 새로운 기술들이 소개되지만 이날은 달랐다. 달리 2를 소개한 지 이틀 만인 4월 9일, 커뮤니티 운영자는 달리 2와 T2I 생성 기술 관련 사례를 공유하고 어떤 방법으로 달리 2가 구현되었는지 소개하는 긴급 세미나를 열었다. 이례적인 일이었다.

그동안 문자 그대로 이미지로 바꾸어 주는 AI가 없었던 것은 아니다. 오픈 AI는 달리 2를 발표하기 전 2021년 12월에 글라이드(GLIDE)라는 이름의 T2I 생성 서비스를 발표했다. 그보다 앞선 2021년 2월에는 달리 1을 발표했다. 1년 2개월 동안 오픈AI는 스스로와 경쟁하듯이 새로운 버전을 업데이트했고, 달리 2의 성능에 사람들이 반응하기 시작했다. 2016년 한국고용정보원의 조사에 따르면 인공지능으로 대체할 확률이 낮은 직업 1위는 화가 및 조각가였다. 감성에 기초한 예술 관련 직업은 자동화 대체 확률이 매우 낮을 것이라는 의견이었다.

2022년 5월 24일에는 구글리서치의 브레인팀에서 이매젠(Imagen)을 공개했다. 구글리서치에 따르면 사람을 대상으로 한 평가에서 오픈AI의 달리 2에 비해 선호도가 높은 이미지를 생성해 낸다고 한다. 하지만 이매젠의 상세 코드나 API는 대중에 공개하지 않기로 결정했다. 이미지 생성 AI 서비스의 성능이 악용될 가능성이 있다고 판단했기 때문이다. 7월에는 초현실적인 그림을 그려 내는 미드저니(Midjourney)가 클로즈드 베타 버전으로 공개됐다. 7월 20일부터는 누구나 디스코드에 입장해서 이미지를 생성할 수 있게 되었다. 사용자들이 음성, 영상, 텍스트 채팅을 통해 소통할 수 있는 무료 플랫폼인 디스코드를 사용함으로써 다른 사람들이 실시간으로 생성하고 있는 문장과 그림을 동시에 확인하는 것이 가능하다. 미드저니는 달리 2에 비해 더 극적이고 초현실적인 이미지를 만들어 낸다는 평을 받았다. 8월 22일에는 스태빌리티AI(Stability AI)에서 오픈소스 서비스인 스테이블 디퓨전을 발표했다. 달리 2가 발표된 지 4개월 안에 일어난 일이다.

AI에 관심이 많은 연구자들이 모여 있는 오픈채팅에서는 매일 이미지 생성 AI로 생성한 이미지들이 넘쳐 났다. 이제 디자이너 없이도 포스터 제작이 가능하겠다는 의견부터, 그림책 만들기를 시도하는 사람들도 있었다.

2022년 9월 콜로라도 아트페어에서 제이슨 앨런의 〈스페이스 오페라 극장'(Théâtre D'opéra Spatial)〉이 대상을 받았다는 소식이 전해졌다. 디지털 아트 부문 1위를 한 이 작품은 작가의 붓터치 하나 없이 텍스트 프롬프트를 입력해 미드저니로 출력한 인공지능 작품이었다. 아직 이미지 생성 AI가 생소하게 느껴졌던 예술 분야에서는 작가 역할의 근간을 흔들 수 있는 충격적인 사건이었다. 창의성을 무엇으로 정의해야 하는지에 대한 논란이 이어졌다. 이때 새로운 복병이 등장했다. 바로 글을 생성해 주는 AI였다.

2022년 11월 30일에 오픈AI는 챗GPT를 발표했다. 거대언어모델(LLM) GPT-3.5를 탑재했는데, GPT-3.5는 1750억 개의 매개변수를 사용했으며, 2021년 8월까지 나온 정보를 학습한 텍스트 생성 AI 서비스다. 프롬프트로 글을 넣으면 글을 생성해 주는 입력창 하나가 있는 아주 간단한 인공지능 챗봇이었다. 달리 2가 발표된 후 약 6개월 동안 이미지 생성 AI는 꾸준히 발전해 왔다. 특히 버전 4를 발표한 미드저니의 성능이 압도적이어서 예술 분야에 있는 전문가들도 이미지 생성 AI 활용을 검토하고자 다양한 실험을 하고 있을 때였다. 프롬프트를 잘 작성하는 능력 즉 글쓰는 능력이 인간 고유의 창의성이라는 의견에 수긍해 갈 때쯤, 단순한 질문만으로도 장문의 글로 즉시 대답하는 챗GPT는 사람들을 놀라게 하기에 충분했다.

텍스트를 프롬프트로 사용하는 방식의 기술은 다양한 분야의 연구로 확장되고 있었다. 이는 T2I를 넘어, 음성, 사운드, 비디오, 3D까지 콘텐츠를 제작할 때 텍스트 프롬프트를 입력하는 방법이 새로운 방식으로 자리매김하고 있었기 때문이다. 이런 결과물을 잘 나오도록 텍스트를 입력하는 것을 프롬프트 엔지니어링이라고 부르기 시작했다. 그리고 이제 프롬프트 엔지니어링도 인공지능 챗봇의 도움을 받을 수 있게 되었다. 그럼 또 새로운 질문에 봉착한다. 그림 그리는 것도, 글을 쓰는 것도 AI가 인간을 대체할 수 있다면 진정한 창의력이란 무엇인가?

질문에 답을 생각할 틈도 없이 이미지 생성 AI가 그랬던 것처럼 텍스트 생성 AI 서비스, 즉 인공지능 챗봇들이 소개되기 시작했다.

챗GPT가 발표되고 두 달이 조금 지난 2월 8일에는 구글에서 챗GPT의 대항마, 인공지능 챗봇 바드(Bard)를 발표했다. 하지만 시연회에서 구글 바드의 응답에 거짓 정보가 섞여 있는 게 실시간으로 드러나면서 발표와 동시에 시가총액 134조 원이 증발하는 해프닝을 겪기도 했다. 국내에서 개발한 서비스로는 2023년 8월 24일 네이버에서 발표한 하이퍼클로바X가 있다. 챗GPT가 출시되기 전 GPT-3를 테스트해 본 네이버 연구진들은 초거대 언어모델이 상용화될 경우 '검색' 위주의 비즈니스 모델이 위협받을 것을 예상하고 자체 언어모델을 개발하기 시작했다. 최수연 네이버 대표는 기조연설에서 네이버는 하이퍼클로바X 개발을 위해 영업수익의 22%를 연구개발에 투자했다고 밝혔다. 생성 AI가 결국 AGI(일반인공지능, Artificial General Intelligence) 실현의 결정적 단계로 인식되면서 생성 AI를 둘러싼 패권다툼은 전 세계적으로 확산되었다.

## AI를 활용할 수 있는 인재 부족

세계경제포럼(WEF)의 2023년 일자리의 미래 보고서에 따르면, 향후 5년간 AI와 기술 혁신으로 6900만 개의 새로운 일자리가 창출되고 8300만 개의 일자리가 사라질 것으로 예측된다. 이는 전체 일자리의 약 2% 감소를 의미하며, 비즈니스 업무의 47%가 자동화될 것으로 전망된다.

이러한 배경에서, AI 융합 인재에 대한 필요성은 갈수록 증가하고 있다. 기업들은 AI 기술을 연구, 개발, 활용할 수 있는 인력을 절실히 필요로 하며, 이는 다양한 기술 능력을 요구하는 새로운 직업군의 출현으로 이어진다. AI 융합 인재란, 단순히 기술적 지식뿐만 아니라 비즈니스, 법률, 윤리, 인문학 등 다양한 분야의 지식을 결합해 AI 기술을 효과적으로 적용하고 인간 중심의 접근을 할 수 있는 인력을 말한다. 그러나 현재 이러한 융합 인재는 매우 부족한 상황이다. 기술 발전의 속도가 교육 시스템의 변화 속도를 앞서고 있기 때문에, 많은 교육 기관에서는 아직까지 이러한 변화를 따라잡지 못하고 있다.

달리 2가 발표되기 직전 한국콘텐츠진흥원(콘진원)의 '인공지능 연계 창작자 양성사업'에 지원했다. 2024년 현재는 프롬프트를 다루며 다양한 콘텐츠를 창작할 수 있는 가능성을 모두 체감하고 있지만 2022년 초에 예체능계, 인문계에서 바라보는 인공지능은 '코딩' 위주였다. 창작자가 인공지능을 활용해서 작업물을 완성할 수 있게 하고자 하는 그 과제는 자연스럽게 코딩을 교육해 메타버스 콘텐츠를 완성하는 방향으로 기획되었다. 이 제안이 선정되어 6개월간의 교육 과정을 시작하게 되었다. 그리고 달리 2가 발표되고 나서 AI에 관심이 있는 다양한 연구자들이 모인 오픈채팅방의 반응을 관찰했다. 채팅방에 디자이너와 아티스트는 거의 전무한 현실과, 이미지 생성 AI를 활용하면 포스터나 PPT에 넣을 이미지를 디자이너 없이도 제작할 수 있겠다는 연구자들의 대화를 보면서 인공지능 연계 창작자 양성 사업의 커리큘럼은 혁신적으로 달라져야 한다는 확신을 얻었다. 내가 전체 과제의 책임자였기에 새로운 계획서와 보고서를 제출하고 강사를 섭외해 교육 과정을 적극적으로 수정할 수 있었다.

생성 AI를 활용한 콘진원의 인재 양성 과제를 마치고, SW중심대학 사업단을 통해 연계전공을 만든 경험을 기반으로 초, 중, 고 교육에 인공지능을 도입하기 위한 교육에 참여할 수 있었다. 코로나19가 몰고 온 원격 교육의 파도에 메타버스, VR, AR 등의 첨단 기술이 밀려들었고 코로나가 일상화된 엔데믹 시대의 문턱에서 생성 AI를 접하면서 교육 혁신은 선택이 아닌 필수가 되었다.

교육부에서는 2022년 1월 2022년 교육정보화 시행계획을 발표했다. AI+ICBM(IoT, Cloud, BigData, Mobile)의 지능정보기술에 기반한 인간 중심적(People-Centric) ICT 패러다임이 교육 분야로 확대되고 있지만 교육 현장의 변화가 기술 진보를 따르지 못하면서 정보 기술 활용 역량이 해마다 감소하고 맞춤형 교육도 정체되고 있다고 진단했다. 2024년 1월 발표된 교육부의 주요 정책 추진 계획에 따르면 교육 개혁으로 인한 사회적 난제 해결을 비전으로 모두를 위한 맞춤 교육을 목표로 하고 있다.

챗GPT가 발표된 지 1년 반이 조금 지난 현재 생성 AI는 누구에게나 새로운 기술이다. 따라서 이 분야에서 경력자라고 할 수 있는 사람은 거의 전무하다. 지난 1년간의 활용 경험이 남들과 나눌 수 있는 경력이 되는 셈이다. 챗GPT 발표 초기에는 개발도, 글쓰기도, 예술도 모두 AI로 대체되는 것이 아닐까 하는 막연한 두려움이 있었다. 그리고 일부는 현실로 이루어지고 있다. 하지만 전문가들의 시각에서 AI가 인간을 대체하기 위해서는 더 많은 시간이 소요될 것으로 예측한다. 하버드 비즈니스스쿨의 교수이자 AI 전문가인 카림 라카니는 AI가 인간을 대체하는 것이 아니라 AI를 활용할 수 있는 인간이 AI를 사용하지 않는 인간을 대체할 것이라고 전했다. 따라서 AI 활용이 필수 역량이 되는 미래 사회를 살아갈 세대를 위한 교육 혁신이 꼭 필요하다.

## 참고문헌


김양진(2023.2.12). 챗GPT 대항마, 구글 바드 오답 '망신'…시가총액 150조원 증발, 한겨레신문.
https://www.hani.co.kr/arti/international/america/1079283.html

김인환(2023.8.24). 한국어 최적화 LLM '하이퍼클로바X' 출시, 구글·MS "비켜", 산업일보.
https://kidd.co.kr/news/233832

교육부(2022.1). 2022년도 교육정보화 시행계획, 교육부 누리집.
https://www.moe.go.kr/boardCnts/viewRenew.do?boardID=351&boardSeq=90629&lev=0&searchType=null&statusYN=W&page=1&s=moe&m=0310&opType=N

박가열 외(2016.10). 기술변화에 따른 일자리 영향 연구, 한국고용정보원.
https://keis.or.kr/user/extra/main/3873/publication/publicationList/jsp/LayOutPage.do?categoryidx=131&pubIdx=3081&spage=26

Attilio Di Battista et al.,(2023.4.30). The Future of Jobs Report 2023, World Economic Forum.
https://www.weforum.org/publications/the-future-of-jobs-report-2023/

## 02
## 인간보다 똑똑한 AGI, 비판적 이해와 수용

생성 AI의 발전으로 현실과 가상의 경계가 모호해지는 시대가 도래했다. AI로 제작된 가짜 뉴스와 이미지들은 사회적, 경제적 혼란을 야기하고 있다. 기술의 혜택과 위험성이 공존하는 이 시대에 새로운 교육 방식과 AGI 시대를 준비하는 우리의 자세에 대해 고찰한다. 기술의 발전이 교육계에 미치는 영향과, 이에 대응하는 교육 현장의 노력을 소개한다.

AI와 MBTI?

## 진짜와 가짜

보고도 믿을 수 없는 일이 발생했을 때, 이제 사람들은 AI로 생성한 건 아닌지 먼저 의심하게 되었다. 정말 그런 세상이 왔다는 사실을 단적으로 보여 주는 예가 지난 2023년 3월 23일에 발생했다. 서울 한복판에 나타난 얼룩말 사진이 SNS에 등장한 것이다. 당시는 이미지 생성 AI 중 하나인 미드저니가 버전을 업그레이드하면서 본격적으로 현실과 구분되지 않는 고퀄리티의 이미지를 생성해 내기 시작한 시기였다. 많은 사람들이 이 새로운 서비스의 사용 경험을 SNS 타임라인에서 나누고 있었다. 생성형 AI가 만들어 낸 초현실적인 사진들 사이에서 도로 위 얼룩말 사진은 전혀 특별하지 않았다. 그날 저녁 8시 뉴스에서 얼룩말 세로의 소식을 접하고 나서야 얼룩말 세로의 동물원 탈출 사건이 실화라는 것을 인지하고 많은 사람들이 놀라워했다. 흔한 AI 이미지인 줄 알았는데 알고 보니 진짜였던 것이다.

동물원에서 동물들이 탈출하는 사건은 종종 있어 왔지만 이번엔 신드롬이 됐다. 세로는 '탈출한 얼룩말'이 아닌 '얼룩말 세로'가 되었고, 부모를 잃고 사춘기 반항이 시작된 이야기, 캥거루와 싸운 이야기 등의 스토리를 가진 스타가 되었다. 생성형 AI 웹 플랫폼에는 하루 만에

1250개가 넘는 얼룩말 세로의 패러디 이미지들이 생성됐다. 얼룩말 세로의 동물원 탈출 소동은 CNN, BBC 등의 외신에도 소개되었고, 전 세계에서 세로를 위로하기 위해 AI로 패러디 이미지를 만들기 시작했다.

사실을 AI로 착각할 수도 있지만 그 반대의 사례는 더 익숙하다. AI로 만든 생성 이미지가 가짜 뉴스가 되는 경우다. 2023년 3월에는 프란치스코 교황이 흰색 롱패딩을 입은 사진과 트럼프 전 대통령이 경찰에 체포되는 사진이 인터넷에 퍼졌다. 많은 사람들이 이를 진짜로 믿었다. 5월에는 AI로 생성된 미국 펜타곤(국방부) 근처에서 폭탄 테러가 일어난 사진이 소셜미디어를 중심으로 확산되면서 미 S&P 500 지수가 한때 0.3% 하락하고 미 국채와 금값이 잠시 상승하는 결과를 초래했다.

생성된 이미지들이 SNS를 통해 확산되면서 가짜 뉴스가 만들어지는 과정이다. 물론 과거에도 불순한 목적으로 가짜 이미지를 제작해 가짜 뉴스를 양산하는 것이 가능했지만, 그러려면 악의를 가진 누군가가 감쪽같은 합성 기술을 가진 전문가와 손잡고 가짜 뉴스 이미지를 만들어 내고 의도적으로 퍼뜨려야 했다. 하지만 지금은 누구나 생성 AI를 이용해 전문적인 교육 과정을 거치지 않아도 사실적인 이미지들을 만들어 낼 수 있기 때문에 더욱 위험하다. 심지어 의도치 않게 공유되고 확산되면서 가짜 소문이 만들어 질 수도 있다.

2022년 11월 30일 오픈AI가 챗GPT를 공개하면서 바야흐로 전 국민 AI 활용 시대가 되었다. 이미지 생성 AI가 관련 업계 종사자가 아닌 사람들에게 그저 흥미로운 소식이었다면 텍스트 생성 AI인 챗GPT는 다르다. 누구나 살면서 글을 쓴다. 학생들은 글을 써서 평가를 받고 지식노동자들은 문서 작업이 업무의 큰 비중을 차지한다. SNS에도 글을 쓰고 책과 뉴스를 읽기도 한다. 글은 모든 소통의 기본이다. 이러한 글을 아주 빠른 속도로 잘 쓰는 인공지능 도구가 등장한 것이다. 용건이 있으면 동료와 채팅하듯이 챗GPT에 요청하면 된다. 챗GPT가 등장했을 때 SNS상에서는 기대와 우려가 함께 등장했다. 챗GPT로 문서 쓰는 업무 효율을 높일 수 있다는 기대와 함께 7시간 만에 책을 출간할 수 있다는 기사도 등장했다. 대학 교수들 사이에서는 챗GPT로 작성한 레포트를 어떻게 구분해야 하며 평가 방식을 어떻게 바꾸어야 할지 우려가 등장했다. 교육에서 챗GPT를 허용해야 할지 말아야 할지 판단을 할 수 없었다.

챗GPT는 마치 사람과 소통하듯이 대화할 수 있다. 이는 인공지능이 사람과 자연어로 소통하기 때문이다. 자연어는 일상적인 대화에서 사용하는 언어로, 복잡하고 미묘한 의미와 맥락을 포함한다. 이를 효과적으로 이해하고 생성하기 위해서는 단순한 문법 규칙을 넘어서는 복잡한 패턴 인식과 의미 분석이 필요하다. 트랜스포머 모델과 같은 딥러닝 모델은 이러한 자연어 처리에서 탁월한 성능을 발휘한다.

트랜스포머 모델의 핵심은 '어텐션 메커니즘'이다. 이 메커니즘은 문장의 각 단어와 다른 단어들의 관계를 동적으로 파악할 수 있게 해 준다. 마치 우리가 문장을 읽을 때 중요한 부분에 집중하는 것처럼 작동하는 이 기술은, 문장 내 단어들 간의 연관성에 가중치를 부여해 계산한다. 예를 들어, "나는 사과를 먹었다"라는 문장에서 어텐션 메커니즘은 '나', '사과', '먹었다' 사이의 관계를 파악한다. '나'와 '먹었다'가 밀접한 관련이 있고, '사과'가 '먹었다'의 대상이라는 걸 이해한다. 이를 통해 문장의 맥락을 더 잘 이해하고 적절한 단어를 생성할 수 있다.

생성 AI는 사회적 편향을 그대로 드러내기도 한다. 스탠포드대학의 연구진이 스테이블 디퓨전을 대상으로 실시한 연구에서, AI 이미지 생성 모델들이 특정 직업이나 역할을 표현할 때 사회적 고정관념을 반영하는 경향이 확인되었다. 연구진이 다양한 직업에 대한 이미지 생성을 요청했을 때, AI는 인종과 성별에 대한 고정관념을 강하게 반영했다. 예를 들어, 소프트웨어 개발자의 이미지를 요청했을 때 생성된 이미지의 100%가 남성이었고, 99%가 백인이었다. 이는 실제 미국의 소프트웨어 개발자 중 20%가 여성이고 56%만이 백인인 현실과 큰 차이를 보인다.

이러한 결과는 많은 사람들이 가지고 있는 편향을 반영한 것이다. 교양 있는 사람이라면 이러한 편견을 드러내지 않거나 드러났을 경우 반성하고 태도를 바로잡으려 노력할 것이다. 하지만 AI는 글과 이미지를 생성하는 과정에서 이러한 편향을 쉽게 드러내며, 인간의 감독 없이 빠르게 온라인으로 유포되는 과정을 통해 사회적 편향을 강화할 수 있다.

생성 AI의 악용은 범죄 피해로 이어질 수 있다. 가짜뉴스나 잘못된 정보의 확산은 특정 개인이나 집단을 표적으로 삼아 명예훼손, 사기, 협박 등의 범죄를 유발할 수 있다.

과거에도 광고에 허위 정보를 삽입하거나 물리적인 편집과 보정을 통해서 과대광고를 하는 일이 공공연히 있어 왔다. 하지만 생성 AI가 멀티모달을 지원하면서 가짜 얼굴에 가짜 목소리까지 생성이 가능한 점을 악용해 더욱 정교한 광고 조작이 가능해졌다. 최근 SNS에는 교수, 전문가, 연예인과 같은 유명인들의 얼굴과 목소리를 도용한 가짜 광고가 자주 발견된다. 예를 들어 최근 페이스북에서는 조인성, 송혜교의 얼굴과 음성을 합성한 투자 사기 광고를 쉽게 발견할 수 있다. 해외에서는 딥페이크를 이용한 화상 회의에 속아 340억을 입금하는 사례도 발생했다.

## 호기심의 방향을 제안하는 교육

최근 소수의 중학생을 대상으로 생성 AI 워크숍을 진행할 기회가 있었다. 학생들은 3~4명씩 조를 짜서 챗GPT와 이미지 생성 AI를 활용하는 방법을 익혔다. 사실 '익힌다'는 표현은 적당하지 않다. 디지털 네이티브인 요즘 아이들은 아이디로 로그인만 하면 바로 사용할 수 있기 때문이다. 중요한 것은 사용법을 알려 주는 것이 아니라 올바른 사용 방향을 제시하는 것이다.

아이들은 순수한 호기심으로 친한 친구와 선생님, 좋아하는 연예인 등의 이름을 넣어 이야기를 만들어 냈고 이를 서로 공유하며 즐거워했다. 생성하는 학생도 그 결과물을 보는 사람도 반응이 폭발적이었다. 워크숍의 주요 목적은 인공지능 챗봇의 '할루시네이션' 현상, 즉 거짓 정보 생성을 인식시키고 이를 제대로 검증해 안전하게 사용하는 방법을 가르치는 것이었다. 챗GPT에 익숙해진 학생들에게 학교에서 배운 내용들을 입력해서 생성되는 글 중 거짓 정보를 찾아내고 이를 바로잡으라는 구체적인 미션을 줬다. 명확한 지침이 주어지자 학생들은 학교에서 배운 역사적 사실을 입력하며 잘못 생성된 정보에 대해 흥분해서 토론했다.

서로 장난도 치고, 재미있는 스토리도 만들어 내고 생성 AI의 위험성에 대해 다시 한번 강조하면서 즐겁게 교육을 마쳤지만 한편으로 마음이 무거웠다. 아직 미성숙한 어린아이들에게 성교육을 해야 할 때 드는 조심스러운 기분이었다. AI 사용법 자체는 학생들에게 가르칠 필요가 없다. 5살 아이도 자연스럽게 유튜브에서 좋아하는 채널을 찾듯이, 이들에게 생성 AI를 활용하는 건 너무 쉬운 일이다.

생성 AI 체험 활동에서 나이에 따른 특징도 관찰되었다. 초등학생들은 저작권의 개념 없이 자신들이 좋아하는 캐릭터를 생성하길 원하고, 고등학생들은 '이런 것까지 되나?'하는 호기심에 자극적인 장면을 생성하려고 시도하기도 한다. 미성년자 대상 생성 AI 교육에서 공통적으로 느낀 점은 학생들의 호기심이 어디로 튈지 모른다는 것이었다. 이 호기심이 발전적인 방향으로 갈 수 있도록 어른들이 길잡이가 되어 주어야 한다. 따라서 생성 AI의 올바른 사용 방법과 주의사항 등 안전한 활용을 위한 리터러시 교육이 매우 중요하다.

생성 AI의 발전은 인공지능 기술이 AGI(Artificial General Intelligence), 즉 인간 수준 또는 그 이상의 지능을 가진 AI로 나아가고 있음을 시사한다. AGI는 인류의 난제를 해결하고 우리의 삶을 획기적으로 개선할 잠재력을 가지고 있다. 그러나 동시에 우리가 경계해야 할 위험도 내포하고 있다. 따라서 우리는 AGI를 비판적으로 이해하고 수용해야 한다. 이는 AI의 능력을 맹목적으로 찬양하거나 두려워하는 것이 아니라, 그 잠재력과 한계를 정확히 인식하고 적절히 활용하는 것을 의미한다. AGI의 발전 과정에서 나타나는 편향성, 윤리적 문제, 보안 위협 등을 면밀히 관찰하고 대응책을 마련해야 한다.

이러한 맥락에서, 교육 현장에서도 다양한 노력이 이루어지고 있다. 교육부는 '디지털 선도학교'와 'AI 선도학교'를 지정해 운영하고 있으며, 다양한 교사 연수 프로그램을 제공하고 있다. 교사들 또한 AI와 디지털 교육을 도입하기 위해 커뮤니티를 만들어 AI 활용 사례와 스터디 결과를 공유하거나 온라인 연수를 열기도 한다. 대학에서는 SW중심대학사업단, 대학혁신지원사업 등 다양한 재원을 활용해 교수자와 학생 모두 정규 교과 외에도 새로운 과정을 시도해 볼 수 있도록 지원하고 있다.

한편 업무 프로세스에 AI가 도입되면서 직장인들에게도 재교육이 꼭 필요한 시점이다. 재직자 및 미취업자를 위한 다양한 양성 사업이 진행 중이고, 고용노동부의 지원 사업을 통해 AI 교육을 받을 수 있는 길이 열려 있다. 개인적 차원에서는 AGI에 대한 지속적인 관심과 학습이 필요하다. AI 기술의 발전 속도가 매우 빠르기 때문에, 끊임없이 새로운 정보를 습득하고 우리의 지식과 기술을 업데이트해야 한다.

현재는 모두 함께 시행착오를 거듭하며 생성 AI를 인간을 위해 이로운 방향으로 활용할 방안을 모색할 수 있는 골든타임이다. 우리가 AGI를 어떻게 개발하고 활용하고 통제하느냐에 따라 그 결과는 크게 달라질 것이다. AGI는 인류에게 축복이 될 수도, 재앙이 될 수도 있다. 우리의 비판적 이해와 현명한 수용이 AGI 시대를 준비하는 핵심이 될 것이다.

인류 역사상 가장 강력한 도구인 AGI를 우리가 곧 손에 쥐게 될 것이다. 이제 우리에게는 이 도구를 어떻게 다룰 것인지에 대한 지혜가 그 어느 때보다 절실히 필요하다. 교육자로서 우리의 역할은 아이들이 AGI와 함께 할 미래를 두려워하지 않고 긍정적인 시각을 유지할 수 있도록 돕는 것이다. 이를 위해서는 윤리적인 사람들이 AI를 올바른 방향으로 사용하는 사례를 적극적으로 공유하고 기록해야 한다. 동시에 시행착오나 오용 사례도 투명하게 공유함으로써, 우리 모두가 AI와의 상호작용에서 배울 수 있는 기회를 만들어야 한다. 이러한 노력을 통해 우리는 AGI의 미래를 우리의 손으로 올바르게 이끌어갈 수 있을 것이다. 지금이 바로 그 준비를 시작할 때다.

### 참고문헌


박병수(2023.5.24). "펜타곤 옆 건물 폭발"…AI가 만든 가짜뉴스에 주가도 출렁, 한겨레신문.
https://www.hani.co.kr/arti/international/america/1092886.html

서울특별시교육청 디지털·혁신미래교육과(2023.8.29). 학교급별 생성형 AI 활용 지침. 서울특별시교육청누리집.
https://buseo.sen.go.kr/buseo/bu10/user/bbs/BD_selectBbs.do?q_bbsSn=1240&q_bbsDocNo=20230829194356202

윤송이(2022). 『가장 인간적인 미래 : 공멸의 시대에서 공존의 시대로, 인간과 인공지능의 새로운 질서를 말하다』. 웨일북스.

이종희(2023.4.3). '패딩입은 교황-체포된 트럼프' … AI가 만든 가짜뉴스들, 뉴시스.

https://www.newsis.com/view/NISX20230403_0002251989

통합뉴스룸ET(2023.3.28). 얼룩말과 마주쳤던 배달원의 반응은? … '해외토픽'까지 된 '세로'의 슬픈 사연. https://news.kbs.co.kr/news/pc/view/view.do?ncd=7637163

폴 글린(2023.4.19). 국제사진 대회 수상작 작가는 왜 AI 이미지를 제출했을까?, BBC코리아. https://www.bbc.com/korean/articles/c72487e83y8o

Bianchi, F., et al.,(2023, June). Easily accessible text-to-image generation amplifies demographic stereotypes at large scale. In *Proceedings of the 2023 ACM Conference on Fairness, Accountability, and Transparency*(pp. 1493-1504). https://dl.acm.org/doi/pdf/10.1145/3593013.3594095

Weng, L.(2018.06.24). "Attention? Attention!", Lil'Log. https://lilianweng.github.io/posts/2018-06-24-attention/

## 03
## 도구에 스며드는 생성 AI

생성 AI의 급속한 발전이 교육과 업무 환경에 혁명적인 변화를 가져오고 있다. 본문에서는 AI 활용의 장단점, 교육에서 반복 학습의 가치, 그리고 전문 분야 경계의 모호화를 살펴본다. AI 시대에 필요한 새로운 역량과 균형 잡힌 접근법을 논의하며, 시행착오의 중요성을 강조한다. 또한 교육 방식의 변화와 개인의 대응 전략을 제시하며, AI와 인간 능력의 조화, 성장 중심 교육의 중요성을 강조한다.

AI와 난임 극복?

## AI가 대체한다는 반복의 가치

최근 숏폼에서 '3분 만에 발표 과제 끝내기'라는 제목의 영상을 발견했다. 인공지능으로 프레젠테이션 문서를 생성해 주는 앱에 발표 제목만 적어 넣으면 뚝딱 자료가 완성되는 영상이었다. 커뮤니티 단체 채팅방에서는 면접을 볼 때 면접 대상자가 자기 소개를 하는데 챗GPT로 써 놓은 걸 읽는 느낌이 들어서 탈락시켰다는 경험담도 심심치 않게 올라온다. 실제로 학생들의 레포트를 검사하면서 인공지능으로 작성한 것 같다는 느낌을 떨쳐 버릴 수 없어서 확신을 가지고 직접 물어보니 이상하게 느껴졌던 그 부분부터 챗GPT를 사용해 작성했다고 한다. 외부 전문가를 모셔서 특강을 했는데 이후 전문가 보고서의 내용을 보니 챗GPT로 작성해 형식은 갖추었지만 강의 내용을 제대로 반영하지 못한 보고서를 받아 다시 작성한 경험도 있다.

생성 AI가 비교적 중요하지 않은 반복적인 일을 대체함으로써 사람은 더 중요한 일에 집중할 수 있다는 긍정적인 해석도 있다. 하지만 교육에서만큼은 다르다. 사람은 반복하면서 발전하기 때문이다. AI가 단순 반복 작업을 대체함으로써 효율성을 높일 수 있지만, 그 과정에서 얻을 수 있는 학습과 성장의 기회를 놓칠 수 있다. 예를 들어, 프레젠테이션 제작 과정은 주제에 대한 이해와 효과적인 전달 방법을 고민하는 중요한 학습 경험이다. 따라서 AI를 활용하되, 인간만의 고유한 능력인 창의성, 공감 능력, 비판적 사고력, 문제 해결 능력 등을 지속적으로 개발해야 한다. 교육에서는 효율보다 성장이 중요하기 때문이다.

하지만 생성 AI는 이미 우리가 사용하는 도구와 서비스에 깊이 적용되고 있다. 읽고 쓰는 방식의 개념이 변화하여, 처음부터 끝까지 정독하는 대신 챗봇으로 요약해서 읽고, 완결된 문장을 작성하기 전 키워드를 넣고 글을 생성할 수도 있다. 디자인 교육과 실무에 사용하는 도구인 어도비 포토샵에 '생성하여 채우기(Generative Fill)' 기능이 추가되었으며, 피그마(figma)에는 AI 기반 디자인 제안 및 자동화 기능이 추가되었다. 문서 작성 도구인 마이크로소프트는 코파일럿(copilot)이라는 AI 어시스턴트를 엑셀, 워드, 파워포인트 등에 통합해 문서 요약, 데이터 분석, 프레젠테이션 디자인 등을 지원한다. 구글은 듀엣 AI(Duet AI)라는 AI 어시스턴트를 출시해 구글 미트, 문서, 슬라이드 등의 효율적인 사용을 돕는다. AI 코딩 어시스턴트는 개발자가 코드를 더 빠르고 효율적으로 빌드할 수 있도록 지원한다. 이미 생성 AI가 빠르게 업무에 도입되고 있으며 인턴 사원이 할 수 있는 수준의 업무 정도는 생성 AI가 상당히 많은 도움이 된다고 한다.

이러한 변화에 따라, 기업들은 이제 신입 직원에게 단순히 전공 지식뿐만 아니라 최신 AI 도구를 능숙하게 다룰 수 있는 능력을 요구하고 있다. 이는 단순히 도구를 사용하는 기술적인 능력을 넘어, AI와 협업하며 더 높은 수준의 창의성과 문제 해결 능력을 발휘할 수 있는 인재를 원한다는 의미다.

대학생들은 이제 전공별 도메인 지식과 함께 최신 AI 기술을 활용하는 능력을 동시에 갖춰야 하는 상황에 직면했다. 이는 자동차의 편리함을 누리면서도 부족해진 운동량을 헬스클럽에서 보충해야 하는 현대인의 상황과 유사하다.

이러한 변화에 적응하는 것은 쉽지 않다. 학생들은 전공 분야의 학문적 능력을 갖추는 데 필요한 시간과 노력을 줄이지 않으면서도, 새로운 기술을 익히고 활용하는 데 추가적인 시간을 투자해야 한다. 이는 개인의 노력만으로는 해결하기 어려운 과제로, 교육 시스템과 사회적 지원의 변화가 필요한 시점이다.

## 진화하는 생성 AI 서비스

생성 AI 기능이 다양한 전문 도구에 통합되면서 전문적인 일의 경계가 점차 모호해지고 있다. UX 디자이너들이 AI 도구로 간단한 코드를 생성하고, 개발자들은 AI로 기본적인 디자인 작업을 수행하며, 마케터들은 AI로 데이터 기반의 콘텐츠를 생성하고, 데이터 분석가들은 AI로 보고서를 작성하는 등 다양한 분야에서 AI 활용이 확대되고 있다. 그러나 이러한 변화를 단순히 긍정적으로만 바라보는 것은 위험할 수 있다. 생성 AI가 업무 효율과 질을 모두 높여 준다는 주장은 주로 해당 분야의 전문가가 AI를 활용하는 경우를 가정한 것이다. 실제로는 AI 도구의 무분별한 사용이 오히려 업무의 질을 저하시키고 전문성을 약화시킬 수 있는 위험이 존재한다.

생성 AI를 이해하고 교육과 업무에 도입하기 쉽지 않은 이유는 이 기술이 시시각각 진화하고 있기 때문이다. "문제를 풀려고 노력하기보다 조금 기다리면 해결 방법이 등장한다"는 우스갯소리가 나올 정도로 빠른 발전 속도를 보이고 있다. 이는 생성 AI를 깊이 있게 공부하지 못하더라도 최신 트렌드에 자주 노출되는 게 중요하다는 의미다. 자기 분야의 전문성을 유지하면서 최신 기술 트렌드에 촉각을 세우는 것은 쉽지 않지만, 이는 교육자가 도울 수 있는 영역이다.

생성 AI가 빠르게 발전하면서 더 효과적인 활용 방법들이 속속 등장하고 있다. 이는 AI를 다루는 사람들의 실력 향상뿐만 아니라 AI 서비스 자체의 지속적인 개선 때문이다. 그리고 AI로 생성한 게시물을 가짜 뉴스로 오인하거나 악용되는 등의 시행착오를 겪으면서 더 안전한 활용 방법도 제시되고 있다. 예를 들어, 2024년 4월 한국일보는 국내 언론 중 처음으로 생성형 AI 취재 보도 활용 원칙을 마련했다. 내용 중 일부는 AI 활용을 아이디어 추출, 정보 검색, 기획, 자료 조사 등의 보조적 기능으로 제한하고, 생성된 결과물을 사람의 감독 없이 그대로 보도하지 않도록 규정하고 있다. 이러한 가이드라인의 등장은 AI 활용에 대한 문제 인식과 함께 해결책 모색이 활발히 이루어지고 있음을 보여 준다.

더불어 생성 AI를 통해 더 신뢰도 높은 자료를 찾고 할루시네이션을 최소화하기 위한 노력도 계속되고 있다. 이러한 노력의 일환으로 인공지능 챗봇을 응용한 새로운 서비스들이 이미 출시되고 있다. 이는 제대로 정의된 문제에 대해 빠르게 해결책이 등장하고 있음을 보여 주는 좋은 예시다.

생성 AI의 단점을 보완하는 기술로는 '검색 증강 생성'

을 의미하는 RAG(Retrieval Augmented Generation)가 주목받고 있다. RAG는 AI가 답변을 생성할 때 미리 저장된 정보만을 이용하는 것이 아니라, 필요한 정보를 실시간으로 검색해서 답변을 생성하는 방식이다. 이를 통해 AI가 더 정확하고 최신의 정보를 제공할 수 있도록 돕는다. 쉽게 말해, AI가 질문에 답할 때 '책을 참고하면서 대화하는 것'과 유사하다. 일반적인 AI 챗봇은 학습된 정보만을 바탕으로 대답한다. 마치 책을 한 번 읽고 외운 뒤 그 지식만으로 대화하는 것과 같고 오류가 많아 신뢰하기 어려웠다. RAG는 이러한 문제를 해결하기 위한 노력의 일환이다.

현재 기술의 문제를 해결하는 새로운 기술이 앞으로도 거듭해서 등장할 것이다. 따라서 AI 도구의 활용과 전문성 개발 사이의 균형을 잡는 것이 중요하다. AI를 효과적인 보조 도구로 활용하되, 각 분야의 핵심 지식과 기술을 꾸준히 발전시켜야 한다. 또한, AI의 결과물을 비판적으로 평가하고 필요에 따라 수정할 수 있는 능력을 키우는 것도 중요하다.

이를 위해서는 생성 AI를 직접 활용해 봐야 한다. 그리고 그 과정에서 충분한 시행착오를 거쳐야 비로소 생성 AI를 활용하기 위해서는 생성 AI와 협업을 할 수 있는 수준의 전문성이 꼭 필요함을 인지할 수 있다.

시행착오의 중요성은 아무리 강조해도 지나치지 않다. 시행착오는 단순히 실수를 통해 배우는 것 이상의 의미를 지닌다. 그것은 문제의 본질을 깊이 이해하고, 창의적인 해결책을 모색하며, 예상치 못한 상황에 대처하는 능력을 기르는 과정이다. AI 시대에도 이러한 능력은 여전히 중요하며, 오히려 그 중요성이 더욱 부각되고 있다. 따라서 AI 도구를 활용하는 과정에서 발생하는 오류와 실패는 단순히 피해야 할 것이 아니라 중요한 학습 기회로 삼아야 한다.

교육에서는 이러한 변화에 대응해 기존 교과에서 학생들의 기초 지식을 탄탄하게 쌓는 것 외에도 동아리 활동, 방과 후 교실 등과 같은 다양한 비교과 과정을 활성화할 필요가 있다. 이를 통해 필수 교육의 질을 유지하면서도 AI 리터러시를 가르치는 것뿐만 아니라, AI와 협업하며 더 나은 결과를 만들어 내는 방법, 그리고 AI의 한계를 인식하고 이를 보완하는 방법을 익힐 수 있다. 동시에 시행착오를 통한 학습의 가치를 인정하고, 학생들이 직접 경험을 통해 성장할 수 있는 기회를 제공해야 한다.

개인 차원에서는 AI 도구를 능숙하게 다루는 능력을 키우는 동시에, 자신의 분야 혹은 좋아하는 분야에 대한 깊이 있는 이해와 전문성을 계속해서 발전시켜 나가야 한다. AI의 결과물을 비판적으로 평가하고 필요에 따라 수정할 수 있는 능력, 그리고 AI가 제시하지 못하는 창의적이고 혁신적인 아이디어를 제시할 수 있는 능력이 더욱 중요해질 것이다.

결국, 생성 AI 시대의 성공은 기술과 인간의 능력을 적절히 조화시키는 데 달려 있다. 우리는 AI의 힘을 활용하되, 인간만이 가질 수 있는 통찰력, 창의성, 윤리적 판단력을 잃지 않도록 주의해야 한다. 이러한 균형을 통해 우리는 AI와 공존하며 더 나은 미래를 만들어 갈 수 있을 것이다.

교육의 궁극적인 목표는 효율이 아닌 성장에 있다. AI 시대에도 이 본질은 변하지 않는다. 우리는 AI를 활용해 학습과 업무의 효율성을 높이되, 그 과정에서 개인의 성장과 발전을 놓치지 않도록 해야 한다. 이것이 바로 생성 AI 시대에 우리가 직면한 가장 큰 도전이자 기회일 것이다.

### 참고문헌

김보민(2023.9.26).[딜라이트닷넷] ⑦ 뜨거워진 빅테크 'AI 어시스턴트' 경쟁…MS vs 구글 양강구도 굳건, 디지털데일리.

https://ddaily.co.kr/page/view/2023091506550258326
김송이(2024.3.15). 한국 찾은 세계 1위 디자인 소프트웨어 '피그마'… 딜런 필드 CEO "전체 플랫폼에 AI 도입할 것", 조선비즈.
https://biz.chosun.com/it-science/ict/2024/03/15/CB5SKBVN3VG5ZK2QGZZ25SZG44/
임대준(2024.4.27). 어도비, '파이어플라이 이미지 3' 출시… '포토샵'에 생성 AI 통합. AI타임스.
https://www.aitimes.com/news/articleView.html?idxno=159179
정한영(2023.11.19). [AI 리뷰] 생성 AI 모델, 정확성과 신뢰성 향상시키는 '검색 증강 생성(RAG)'은 무엇인가?, AI타임스.
https://www.aitimes.kr/news/articleView.html?idxno=29431

## 04
# AI를 이용한 학습자 중심의 PBL

AI 시대의 도래로 '일을 잘한다'는 개념이 변화하면서, 교육 방식도 혁신이 필요해졌다. AI를 활용한 문제 해결 능력 향상을 위한 프로젝트 기반 학습(PBL)의 가치와 실제 구현 사례를 살펴본다. 대학의 생성 AI 교육 경험을 통해 비용, 인프라, 전문성 확보 등의 현실적 과제를 탐색한다. 또한, 급변하는 AI 환경에서 교수자의 역할 변화와 학생 주도 학습의 중요성을 강조하며, 협력적 문제 해결 능력과 팀워크의 필요성을 논의한다.

AI와 사주?

## 협력적 문제 해결

AI 시대에 '일을 잘한다'는 것의 의미가 변화하고 있다. 생성 AI 등장 이전에는 전문 지식을 바탕으로 반복적인 작업을 빠르고 정확하게 수행하며, 주어진 업무를 꼼꼼히 처리하는 것이 중요했다. 개인의 경험과 기술을 바탕으로 한 전문성과 효율성이 높이 평가되었고, 많은 시간과 노력을 들여 업무를 완수하는 것이 좋은 평가를 받았다. 이제는 AI를 효과적으로 활용해 반복적인 일을 최소화하면서 본질에 집중해 문제를 해결할 수 있는 능력이 중요하다고 말한다. AI로 일을 잘한다는 것은 단순히 AI 도구를 능숙하게 다루는 것이 아니라, AI의 장단점을 이해하고 이를 창의적으로 활용해 더 나은 결과를 만들어 내는 것을 의미한다. 예를 들어 디자인 분야에서 AI로 일을 잘한다는 것은 AI 디자인 도구의 특성을 잘 알고 활용해 신속하게 다양한 디자인 시안을 생성하고 검토하며, 이를 토대로 클라이언트와 소통해 디자인 방향을 결정하고, 최종적으로 인간의 창의성과 AI의 효율성이 조화된 결과물을 만들어 내는 것이다.

AI 기술은 빠르게 발전하고 있어, 오늘 배운 특정 AI 도구나 기술은 내일이면 이미 구식이 될 수 있다. 따라서 특정 AI 도구의 사용법만을 배우는 것은 장기적인 관점에서 큰 의미가 없다. 대신, AI의 기본 원리와 사고방식을 이해하고, 새로운 기술을 빠르게 학습하고 적용할 수 있는 능력을 키우는 것이 중요하다. 학습자들은 특정 AI 도구에 얽매이지 않고, 다양한 AI 기술을 탐험하고 실험해 보며, 각 기술의 장단점을 비교 분석하는 능력을 길러야 한다. AI 기술을 처음 접하는 학습자들에게 가장 중요한 것은 실제 경험을 통한 학습이다. 이 과정에서 실패와 시행착오는 불가피하며, 오히려 이러한 경험이 가장 값진 학습의 기회가 된다. 학습자들은 AI 도구를 사용하면서 겪는 어려움과 극복 과정을 서로 공유함으로써, 집단 지성을 형성하고 함께 성장해 나갈 수 있다. 예를 들어, 학생들이 AI를 활용한 데이터 분석 프로젝트를 수행할 때, 처음에는 AI 모델의 선택이나 데이터 전처리 과정에서 많은 시행착오를 겪을 수 있다. 그러나 이러한 과정을 통해 AI의 작동 원리와 한계를 깊이 이해하게 되고, 결과적으로 AI를 더 효과적으로 활용할 수 있는 능력을 갖추게 된다.

인공지능(AI) 기술의 급속한 발전과 함께, 교육 분야에서도 AI를 활용한 새로운 학습 방법이 주목받고 있다. 그중에서도 AI를 이용한 학습자 중심의 프로젝트 기반 학습(Project-Based Learning, PBL)은 특히 주목할 만하다. 최종 프로젝트를 학생들에게 목표로 제시하고, 그 과정에서 생성 AI 도구를 활용하도록 조건을 설정하면 학생들이 스스로 학습 과정에서 전체 프로세스 단계 중 필요한 부분에 적절히 사용할 수 있다. 목표가 없이 테스트용으로 생성 AI를 사용해 보거나 제일 잘된 데모 버전만을 볼 때와는 확연하게 다른 경험을 함으로써, 생성 AI의 한계와 가능성을 함께 체험하고 결과물의 완성도를 높이기 위해 사용자에게 필요한 역량을 알게 된다.

AI와 같은 새로운 기술 앞에서는 교수자도 모든 답을 가지고 있지 않다. 따라서 학습자들이 스스로 학습 프로세스를 설계하고 실행해 나가는 것이 중요하다. 학습자들은 프로젝트의 목표를 설정하고, AI 도구를 활용할 방법을 계획하며, 필요한 자원을 탐색하고 활용하는 전 과정을 주도적으로 이끌어 나간다. 이 과정에서 단순히 AI 기술을 배우는 것을 넘어, 문제 해결 능력, 비판적 사고력, 협업 능력 등 미래 사회에 필요한 핵심 역량을 자연스럽게 개발하게 된다.

AI를 활용한 PBL에서는 개인의 능력뿐만 아니라 팀워크가 중요하다. 학습자들은 서로 다른 배경과 능력을 가진 동료들과 협력하면서, AI 기술을 다양한 관점에서 바라보고 활용하는 방법을 배울 수 있다. 예를 들어, AI 챗봇 개발 프로젝트에서 프로그래밍에 능숙한 학생, 언어 모델에 관심 있는 학생, UX 디자인에 재능 있는 학생들이 팀을 이뤄 작업할 때, 각자의 강점을 살리면서 서로의 부족한 점을 보완할 수 있다. AI를 활용한 PBL은 실제 세계의 문제와 연계될 때 가장 효과적이다. 학습자들은 자신들의 지역 사회나 관심 분야의 실제 문제를 AI를 통해 해결하려는 시도를 함으로써, 기술의 실용적 가치와 사회적 영향력을 체감할 수 있다. 예를 들어, 지역의 교통 문제 해결을 위한 AI 기반 최적 경로 추천 시스템 개발, 농작물 질병 예측을 위한 AI 이미지 인식 모델 개발 등의 프로젝트를 통해 학습자들은 AI 기술의 실제적 응용과 그 영향력을 직접 경험할 수 있다.

## AI 교육의 현실적 과제와 교수자의 역할

이러한 AI 기반 학습 환경을 효과적으로 구현하기 위해서는 교수자의 역할이 중요하다. 교수자는 이러한 학습 환경을 조성하고 지원하는 역할을 담당한다. 학습자들이 실패를 두려워하지 않고 도전할 수 있는 분위기를 만들고, 필요한 자원과 조언을 제공하며, 학습자들의 자기주도적 학습을 격려해야 한다. 그러나 AI를 이용한 학습자 중심의 PBL을 실제로 구현하는 데에는 여러 가지 현실적인 문제가 따른다. 특히 비용과 하드웨어 인프라 문제는 교육 과정에서 직면하는 주요 과제다.

동명대 시각디자인학과의 사례는 이러한 과제를 해결한 좋은 예시다. 2022년 이미지 생성 AI 달리가 공개되자마자 생성 AI를 PBL 수업에 적용했다. 한국콘텐츠진흥원의 지원으로 2022년 5월부터 11월 말까지 진행된 2022 인공지능 연계 창작자 양성사업을 통해, 인공지능의 기본부터 응용, 생성 AI를 활용한 콘텐츠 제작까지 교육 과정에 빠르게 녹여 낼 수 있었다. 교육에 필요한 유료 프로그램 구독과 전문가의 자문, 이미지 생성에 유리한 고사양 컴퓨터를 갖출 수 있었다. 학생들에게 생성 AI 활용은 물론 이에 수반하는 AI 리터러시 교육을 위한 저작권, 데이터, 인공지능, 로봇 강의와 실습을 모두 제공할 수 있었다. 그 과정은 과제 참여기관인 사단법인AI프렌즈학회의 자문과 전문가 풀을 통해 빠르게 해결할 수 있었다.

이러한 경험은 2022년 9월 개강 시점에 맞춰 동명대학교 SW중심대학사업단의 지원으로 이어졌다. 새로운 AI 기술인 생성 AI와 메타버스를 중심으로 '메타버스SW 연계전공'이 개설되었고, 시각디자인학과, 디지털미디어공학과, 게임공학과, 실내건축학과 등 네 개의 전공 학생들이 융합 수업을 듣는 프로젝트로 발전했다.

AI 교육은 지속적인 혁신과 적응이 필요한 분야다. 교수자의 업무가 생성 AI를 다루는 실무가 아니기에 정보를 빠르게 접하고 적극적으로 교육에 도입할 수는 있지만, 스스로 AI활용 전문가가 되어 학생들에게 가르치는 것은 어렵다. 또한, 연계전공 수업을 듣는 학생들의 다양한 진로를 생각할 때 그 범위를 포괄하기는 불가능한 일이다. 그래서 학생들이 스스로 소규모 그룹을 만들어 학습하며 성장할 수 있는 지속 가능한 순환 학습 구조를 만들어야 했다.

2022년 2학기에는 PBL 수업에서 프로젝트 진행 조건 중 하나로 생성 AI를 활용한 이미지를 목적에 맞게 사용해 보도록 했고, 2023년 1학기에는 팀별로 게임 만들기, 동영상의 스타일 변환하기 등을 시도했다. 교수자의 역할은 새로운 도구들을 소개하고, PBL 과정에 생성 AI를 활용할 수 있도록 다양한 제한 조건들을 설정하며, 유료로 서비스되는 최신 도구를 사용할 수 있게 대학의 사업단에서 학생들에게 꼭 필요한 비용을 운용할 수 있도록 다양한 예산을 집행하는 일이었다. 디자이너와 프로그래머의 역할을 할 수 있는 다학제적인 소규모 팀은 서로의 역할을 충실히 해내며 생성 AI를 활용한 프로젝트를 완료했다. 생성 AI를 활용해 짧은 시간에 완성도 높은 게임을 제작하거나, 영상을 애니메이션으로 재탄생시키고 이를 국내 최대 게임쇼인 지스타(G-star)에서 발표한 경험은 학생들에게도 소중한 성취감을 안겼다.

급변하는 최신 AI 기술을 교육 과정에 도입하기 위해 방학 때도 쉴 수가 없었다. 연계전공으로 생성 AI에 관심을 갖기 시작한 분위기를 방학 때도 유지하고자 방학 중 비교과 과정을 3주간 개설했다. 부산시의 지역대학비교과과정(예체능) 활성화 지원 사업을 통해 필요한 비용을 충당했고, 연계전공을 들은 학생 중 우수한 학생들을 보조 강사로 활용해 실습 조교 역할을 하게 했다. 이들은 단순한 강의 보조를 넘어, 직접 연구작을 만들고, 그 과정에서 알게 된 정보들을 공유문서에 튜토리얼 형식으로 공개해 수업의 질을 높였다. 교수자, 보조 강사, 학생이 한 팀이 되어 교육 과정 개발 자체가 PBL의 목표 프로젝트가 되는 혁신적인 방식이었다. 이를 통해 학생들은 3D 공간을 만들거나 짧은 광고 영상을 만드는 프로젝트를 수행할 수 있었고, 일부 학생들은 이 경험을 바탕으로 생성 AI 디자이너 또는 프롬프트 엔지니어라는 타이틀로 취업과 창업을 해서 활발하게 활동하고 있다.

## 05
# 일의 경계를 허무는 생성 AI

생성 AI의 발전으로 창작과 직업의 경계가 재정의되고 있다. AI와의 효과적인 협업 능력이 새로운 전문성으로 부상하는 현상을 탐구한다. 할리우드 파업 사례를 통해 AI 시대의 사회경제적 도전 과제를 살펴보고, 교육 현장에서 AI와 공존하며 학생들의 잠재력을 키우는 방안을 모색한다. AI를 효과적으로 활용하는 능력이 중요해지는 시대에 교육자의 역할과 학생들의 준비 방향을 제시한다.

AI와 아이돌?

## 경계를 뛰어넘는 소통

생성 AI의 발전으로 그림 그리기, 영상 제작, 코딩, 글쓰기 등 다양한 창작 활동이 누구나 쉽게 할 수 있는 일이 되었다. 이는 직업의 경계를 허물고 있으며, 스페셜리스트와 제너럴리스트의 역할에 대한 새로운 질문을 제기하고 있다. 생성 AI의 등장으로 전문성의 개념이 재정의되고 있다. 이제 AI시대의 전문가는 단순히 특정 기술을 숙달한 사람이 아니라, AI와 효과적으로 협업해 더 나은 결과를 만들어 낼 수 있는 사람을 의미한다. 2024년 5월, 마이크로소프트와 링크드인에서 발표한 업무 트렌드 리포트에 따르면 AI 활용 능력은 오랜 경력을 능가하는 중요한 채용 기준이 되고 있다. 다양한 분야에서 생성 AI의 활용이 보편화되면서 이제 AI 활용 능력을 가진 비기술 인재들이 새로운 전문가로 떠오르고 있다.

미드저니 전문가인 조남경 작가의 사례는 이러한 변화를 잘 보여 준다. 그는 2023년 1월 처음으로 미드저니를 사용하기 시작했다. 유료 서비스에 가입한 후 매일 수많은 이미지를 실험하고 공유했는데, 이 활동이 계기가 되어 8월에는 사단법인AI프렌즈 커뮤니티에서 온라인 세미나를 진행하게 되었다. 이후 책 출간 제의를 받아 미드저니 활용법에 대한 책을 출간했고, 다양한 이미지 생성 AI 커뮤니티에 운영진으로 활동하며 온라인 강의와 저술 활동을 꾸준히 이어 가고 있다. 흥미로운 점은 그가 원래 이미지와는 거리가 먼 공대 출신이라는 것이다. 현재 그는 시골 카페를 운영하며 바리스타, 농부, 목수 등 다양한 취미와 본업을 병행하고 있다.

또 다른 예로, 생성 AI를 통해 디자이너의 꿈을 실현한 연구자가 있다. 한국에너지기술연구원의 이제현 박사는 이미지 생성 AI '달리'에 매료되어 다양한 실험을 진행하고, 그 경험을 체계적으로 정리해 블로그에 공유했다. 그의 접근 방식은 매우 체계적이었다. 예를 들어, 단순히 고양이 'cat'을 입력해 보는 것에서 시작해 'top view', 'overhead shot', 'side view' 등 다양한 프롬프트를 활용해 실험하고, 그 결과를 상세히 기록했다. 이제현 박사는 이 과정을 '휴먼 디코딩(Human Decoding)'이라고 명명했는데, 이는 AI가 생성한 이미지의 프롬프트를 인간이 역으로 해석하고 재현하는 과정을 의미한다. 그의 노력은 단순한 취미를 넘어 전문적인 영역으로 발전했다. 그는 자신의 작품을 전시하고 판매하며, 생성한 이미지로 다양한 상품을 제작하는 등 그림 그리기라는 취미를 프로페셔널한 수준으로 끌어올렸다.

융합 교육 현장에서도 AI의 영향력이 두드러지고 있

다. IT 계열과 디자인 계열 학생들이 함께 팀 프로젝트를 수행하면서 자연스럽게 직무의 경계가 허물어지고 있다. 2023년 1학기에 진행된 '융합서비스디자인프로젝트' 교과목은 이러한 변화를 잘 보여 주는 사례다. 이 수업에서 게임공학과와 시각디자인학과 학생들이 협력해 영상을 애니메이션 스타일로 변환하는 프로젝트를 수행했다. 이 과정에서 생성 AI를 최대한 활용하도록 장려했는데, 예를 들어 챗GPT를 이용한 코딩, 전통적인 디자인 도구 대신 AI 기반 도구 사용 등이 이루어졌다. 학생들은 AI 기반 3D 애니메이션 제작에 필요한 최신 기술 동향을 조사하고, 실제 활용 가능한 기술과 서비스를 선별했다. 온라인에서 AI로 3D애니메이션을 제작한 사례와 유튜브 튜토리얼들을 모으고 그 과정에서 사용해야 하는 기술과 서비스 등을 선정했는데, 예를 들면 이런 것이었다.

> ebsynth → Control Net을 통해 애니메이션을 제작하기 위해 이미지 한 장을 프롬프트로 바꿔 생성한 것을 기반으로 영상 시퀀스 모두를 바꿔 주는 매크로 기능.
>
> 동영상 파일을 이미지(png) 프레임 단위로 추출하는데 정보력이 부족해 많은 시간이 걸림. 영상 png 추출 사이트 사용(추출 실패) → 다빈치 리졸브를 이용해 png 추출(추출

실패) → 애프터이펙트를 이용해 프레임 단위로 png 파일 추출하는 데 성공함.

시각디자인과 교수인 내가 보기에도 새로운 단어들과 기술들을 학생들이 끝까지 추적해서 활용하고 프로젝트를 성공시킬 수 있었던 것은 다학제적 팀 구성 덕분이었다. 여러 차례의 시행착오 끝에 동영상을 애니메이션 스타일로 변환하는 데 성공한 후, 학생들은 이 프로세스를 응용해 추가로 두세 가지 스타일의 변환을 성공적으로 수행했다. 그 모든 과정은 상세히 기록되고 공유되었으며, 디자인 전공 학생은  챗GPT를 활용해 복잡한 코딩 용어를 이해하며 적극 참여했고, 게임공학 전공 학생은 직접 영상 생성 과정을 이해하며 다양한 기술적 문제들을 해결하기 위해 노력했다.

이러한 경험은 새로운 기술을 수용하고 높은 완성도의 결과물을 만들어 내는 과정에서 다학제적 소통의 중요성을 잘 보여 준다. '융합서비스디자인프로젝트'는 생성 AI를 매개로 한 협업의 새로운 가능성을 제시했다. 다양한 배경을 가진 사람들이 AI를 통해 협력함으로써, 전에 없던 혁신적인 창작물을 탄생시킬 수 있게 된 것이다.

## AI와 공존하기 위한 준비

AI로 인해 일의 경계가 허물어지고 누구나 전문가가 될 수 있다는 점은 기회로 보이기도 하지만, 동시에 누군가에게는 위기로 다가올 수 있다. 디자인, 콘텐츠 산업에서 생성 AI는 생산성을 혁신적으로 높여 주지만, 저작권 이슈로 인해 이 분야의 근간을 흔드는 파괴적 기술로 여겨지기도 한다.

2023년 3월 미국 잡지 ≪버라이어티(Variety)≫에 의하면 미국 작가조합(WGA)은 챗GPT와 같은 AI 도구를 사용해 대본을 작성하는 데 호의적인 입장을 보였다. 하지만 5월 ≪로이터(Reuters)≫ 등의 외신에 따르면 AI로 인해 작가들의 수입 및 고용이 불안해진 상황에서 이들을 보호하는 제도적 장치 마련에 대한 합의점을 찾지 못해 결국 파업으로 이어졌다. 할리우드에서는 콘텐츠 생산에 생성 AI가 깊이 도입되기 시작하면서 다양한 이해관계자들 간의 갈등이 표면화되었다. 시나리오 작성에 생성 AI를 활용해 업무 효율을 높이는 동시에 작가의 권리를 보호하고자 하는 작가조합의 입장과 인공지능을 활용해 빠르고 경제적으로 콘텐츠를 제작할 수 있게 된 제작자의 입장이 첨예하게 대립하기 시작했다. 작가들과 발맞춰 배우들도 7월부터 '동반 파업'을 시작했다. 결국 작가들은 148일 만에 극적으로 협상을 마쳐 파업을 종료했고, 배우들도 곧 파업을 종료했다.

AI 기술의 도입은 콘텐츠 제작의 효율성을 높이고 새로운 창작 가능성을 열어 주지만, 동시에 기존 창작자들의 역할과 가치에 대한 근본적인 질문을 제기한다. 작가들과 배우들의 파업은 단순히 자신들의 일자리를 지키기 위한 것이 아니라, AI 시대에 인간 창작자의 고유한 가치를 인정받고 보호받고자 하는 노력이었다. 할리우드의 파업 사태는 AI 시대의 도래에 따른 사회적, 경제적 변화의 예고편이라고 볼 수 있다. 이 사건은 우리에게 기술 혁신과 인간의 가치 사이의 균형을 어떻게 맞출 것인지, 그리고 AI 시대에 적합한 새로운 사회 제도와 합의를 어떻게 구축할 것인지에 대해 깊이 고민하고 이를 교육에 반영해야 함을 시사한다. 이는 단순히 할리우드만의 문제가 아니라, 모든 산업과 사회 영역에서 우리가 직면하게 될 과제다.

생성 AI와 융합 교육에 대한 강의 끝 무렵에 받았던 인상적인 질문들이 몇 가지 있다. 하나는 미대 입시를 준비하는 자녀를 둔 학부모의 질문이었다. 아이가 미술학원에서 입시 준비를 꾸준히 하고 있는데 AI가 이미지를 다 생성해 주는 세상에서 입시에만 매달리는 게 맞는지 불안해한다는 것이다. 고2면 아직 10대 후반이다. 만약 바라는 대로 미대에 가서 졸업 후 취업까지 하려면 약 6년의 시간이 남았다. 지금의 이미지 생성 기술은 2년 전 우리는 상상도 하지 못했던 방식이다. 6년 후에도 과연 이 방식이 그대로 이어질까? 그건 아무도 예측할 수 없다. 변하는 기술 수준에 두려움을 느껴 아직 자신이 잘하고 좋아하는 것을 포기하는 건 너무 큰 모험이라고 생각한다.

결국 어떤 도구도 없을 때 우리의 생각을 가장 정확하게 표현할 수 있는 것은 우리 자신이다. 이런 맥락에서 생성형 AI는 우리의 창의성을 보완하는 동료와 같은 역할을 한다. 이런 동료와 소통하면서 내 머릿속에 있는 아이디어를 최대한 구체화하고 발전시키기 위해서는 내 몸이 가진 재능을 놓치지 말아야 한다고 말씀드렸다.

그리고 질문을 받은 지 10개월쯤 지난 지금, 학생들과 했던 여러 가지 프로젝트들을 돌이켜 보면, 코딩을 잘하는 학생이 챗GPT를 이용해 더 빠르게 코딩할 수 있었고, 그림을 잘 그리는 학생이 생성 AI에 자기 손그림도 입력하면서 더 의도에 가까운 이미지를 뽑아내고 생성된 이미지를 수정해 완성도를 높일 수 있었다. 단순히 AI에게 '재미있는 글을 써 줘!'라고 한다고 해서 좋은 결과물이 나오지는 않는다. 전반적인 글의 개요와 의도, 구도, 전문적인 구성을 해서 써 달라고 해야 그나마 남들과 다른 결과물을 얻을 수 있다. AI는 사람을 대체하지 않는다. AI와 공존하는 미래에는 AI와 협업이 가능한 사람들이 그렇지 않은 사람들보다 경쟁력을 가질 것이다. AI 활용 능력은 미래를 살아가는 데 꼭 필요한 기본 소양이 될 것이다.

'수포자(수학이 어려워 포기한 학생들)'가 문제가 된다고 한다. AI가 두려워 학생들이 자신의 꿈을 포기하지 않고 AI와 더불어 발전할 수 있도록 교수자로서 도와야 할 것이다.

### 참고문헌


김지영(2024.4.3). 과학자·의사·목사 작가 '특별한 전시회' "AI작품부터 예술, 문화 공존", 헬로디디. https://www.hellodd.com/news/articleView.html?idxno=103868

박재령(2023.11.16). 끝맺은 할리우드 파업이 우리에게 남긴 것, 미디어오늘. https://mediatoday.co.kr/news/articleView.html?idxno=313842

이제현(2023.7.26). 제21회 INNOPOLIS AI 세미나. Microsoft와 인공지능, Microsoft의 이미지 생성 AI, Bing Image Creator, AI프렌즈 유튜브 라이브.

https://youtube.com/live/ARCC3jqN-uY
조남경(2023.8.2). 미드저니(Midjourney) 비공식 초급 사용 설명서 (느리게걷기 조남경), AI프렌즈 유튜브 라이브
https://www.youtube.com/watch?v=UTgLb78F7Ko
추현우(2023.3.23). 'AI가 만든 영화도 나오나?' 美작가조합 AI 도구 허용, 디지털투데이.
https://www.digitaltoday.co.kr/news/articleView.html?idxno=472461

06

# 생성 AI를 활용한 초중고 교육

AI 기술의 발전으로 교육 현장이 급변하고 있다. 본문에서는 한국 공교육의 디지털화 과정과 AI 교육 도입 현황, 그리고 이에 따른 교육 방향의 변화를 탐구한다. 특히 생성 AI의 보급으로 인한 미성년자 보호 문제와 대응 방안을 살펴본다. 학교에서의 AI 활용 사례, 교육청의 지침, 그리고 교사 커뮤니티의 역할을 소개하며, AI 시대에 필요한 평생 학습과 자기주도적 학습 능력의 중요성을 강조한다.

AI와 야구?

## 공교육에 도입되는 AI

우리나라 교육 현장에 디지털 혁신의 바람이 불기 시작한 것은 꽤 오래전의 일이다. 2000년대 초반부터 시작된 디지털 교과서 도입 논의와 2010년대 중반부터 본격화된 AI 교육 준비는 이미 교육계가 미래 기술 변화에 대비하고 있었음을 보여 준다. 2015년 개정 교육과정에 SW 교육이 포함된 데 이어 2018년에는 중학교 1학년부터 SW 교육이 의무화되었으며, 이듬해에는 초등학교 5~6학년으로 의무 교육 대상이 확대되었다. 2020년에는 2025년부터 적용될 초 · 중 · 고 새 교육 과정에 '인공지능(AI) 교육'을 정식 도입하기로 결정했다. 교육부가 그린 큰 그림은 다음과 같다. 프로그래밍을 통해 문제 정의 능력과 창의성을 함양하고, AI 기초 원리 교육과 AI 활용 교육을 통해 AI와 사람이 상호 교류한다는 측면에서의 소통과 협업을 교육한다. 그리고 AI 윤리 교육을 통해 비판적 사고 능력을 함양한다는 것이다.

하지만 기술은 우리가 계획한 대로 변화하지 않았다. 2020년 COVID-19으로 인한 팬데믹 상황은 교육계에 예상치 못한 급격한 변화를 가져왔다. 온라인 수업이 갑작스럽게 시작되면서 교육의 디지털화가 가속화되었고, 이는 기존 디지털 교육 계획을 앞당겨 현실로 만들었다.

2022년 말, 챗GPT의 등장은 또 다른 혁신이었다. 이 강력한 생성 AI 도구는 교육계에 새로운 가능성과 도전을 동시에 제시했다. 챗GPT에 대한 인식은 초기의 과도한 기대에서 점차 현실적인 이해로 변화해 갔다. 처음에 교수자들은 생성 AI가 학생들의 자발적 학습을 저해하고 표절을 조장할 것이라는 우려를 표했다. 그러나 시간이 지나면서, 챗GPT를 비롯한 생성 AI 도구들이 적절히 활용될 경우 오히려 학생들의 창의성과 비판적 사고력을 향상시킬 수 있다는 인식이 확산되기 시작했다.

이러한 변화는 기존 SW 교육과 AI 교육 계획에도 영향을 미쳤다. 단순한 프로그래밍 기술 교육에서 벗어나, AI 도구를 효과적으로 활용하고 그 결과를 비판적으로 평가할 수 있는 능력을 키우는 방향으로 교육의 초점이 이동했다. 또한 AI 윤리 교육의 중요성이 더욱 부각되어, 학생들이 AI 기술의 사회적 영향과 윤리적 함의를 깊이 고민할 수 있도록 교육 내용이 강화되었다. 이는 이미 많은 학생들이 생성 AI를 일상적으로 활용하고 있는 현실을 반영한 것이다.

2023년 6월 알바천국이 대학생 544명을 대상으로 설문한 결과 AI를 학업에 활용했다는 응답이 25%에 달했다. 서울시교육청이 실시한 설문조사에 따르면, 교원

5217명 중 88.9%가 챗GPT에 관심이 있다고 응답했으며, 70.1%가 실제 사용 경험이 있다고 답했다. 이 결과는 교육 현장에서 챗GPT에 대한 높은 관심과 활용도를 보여 준다. 국내에서는 초중고 학생의 구체적인 챗GPT 사용률을 찾아보기 어려웠지만, 2024년 6월 CNBC의 보도에 따르면 12~18세 미국 학생 1003명과 교사 1003명, 학부모 1000명 등이 참가한 설문조사에서 교사와 학생 모두 75~80%가 챗 GPT에 익숙하다고 밝혔다. 학생 중 70%는 AI 챗봇에 대해 호의적인 견해를 가지고 있으며 흑인과 히스패닉 학생이 학교에서 AI를 사용할 가능성이 더 높았다. 설문조사에 참여한 교사 중 20%가 챗GPT가 부정행위에 사용되는 등 부정적인 영향을 미쳤다고 답했다.

## 미성년자와 생성 AI

2023년 3월 이탈리아는 챗GPT 사용을 일시적으로 차단했다. 이유는 개인정보 보호와 미성년자 보호였다. 사용자 연령 확인 시스템 부재로 미성년자가 부적절한 콘텐츠에 노출될 위험이 존재한다는 것이 한 가지 이유였는데, 이탈리아 정부는 오픈AI에 20일 이내에 해결책을 제시할 것을 요구했다. 약 한 달 후 서비스가 재개되면서 챗GPT에는 연령 확인 시스템이 도입되어 13세 미만 사용자의 챗GPT 사용이 차단되었으며 13세에서 18세 사용자는 부모 동의가 필요하게 되었다. 이 사례는 AI 활용과 미성년자 보호 등 사회적 가치 간의 균형을 찾는 과정에서 발생했으며, 이후 AI 규제에 관한 논의를 촉진하는 계기가 되었다.

국내에서 이미 챗GPT를 이용하고 있던 사용자들도 이후 생년월일을 입력하는 등의 개인정보 수정 요구를 받았다. 현재 대부분의 생성 AI 서비스는 13세 미만은 사용 금지, 13세~18세의 미성년자는 부모의 동의를 받게 되어 있다. 하지만 초기에 이러한 정보가 널리 알려지지 않아 실제로 생성 AI를 활용한 다양한 공모전이 연령 제한을 두지 않고 전 국민 대상으로 열리기도 하는 등의 혼선이 있었다.

2023년 4월에 열린 대한민국과학축제에서는 에이아이프렌즈와 유튜브 빵형의 개발도상국, 동명대학교 SW 중심대학 사업단이 공동으로 'AI를 활용한 다양한 콘텐츠 체험' 부스를 운영했다. 다양한 생성 AI 이미지를 볼 수 있는 체험 부스에는 미취학 아동부터 초등학생들까지 호기심을 가지고 방문했다. 부스를 계획하던 시점은 이탈리아에서 미성년자 보호를 이유로 챗GPT를 일시

차단했던 시기와 맞물려, 미성년자의 생성 AI 활용 적절성에 대한 논쟁이 부상한 때였다. 이때 부스에서 사용한 방법은 현장 스태프인 대학생이 적극적으로 개입해 어린이들이 AI를 간접 체험하게 하는 방법이었다. 챗GPT로 상상을 구체화한 프롬프트를 작성하고 이를 바탕으로 이미지를 생성해서 엽서를 만들어 주는 체험이었는데, 이때 어린이들과 대화한 내용을 대학생이 챗GPT에 입력하고 결과를 확인한 후 모니터를 통해 학생에게 보여 주는 방법으로 진행했다. 참여하는 어린이들은 태블릿에 밑그림을 그려 제공하거나 아이디어를 대학생 스태프에게 이야기하면서 자신의 의도를 생성 AI에 반영하고 결과를 받아 볼 수 있었다. 그 과정에서 학생들의 호기심이 선정적이거나 폭력적인 방향으로 전개되거나 자신이 평소 좋아하던 캐릭터를 언급하며 저작권을 침해하게 되는 경우도 다수 발견되었다. 이런 상황은 미리 준비한 교육적인 목적에 맞고 건전한 다섯 가지 예시 중 우선 선택하게 함으로써 예방할 수 있었다.

중고등학생을 대상으로 한 AI 체험에서도 재미로 지인들의 이름을 넣어 챗GPT로 스토리를 만들거나 이미지를 생성해서 악의 없이 깔깔 웃으며 즐거워하는 모습을 보였다. 곧 교수자가 시회 시간에 배운 것을 바탕으로 챗GPT가 거짓말하는 사례를 찾도록 방향을 잡아 주자 진지하게 과제에 임하며 때론 챗GPT의 지나친 역사 왜곡에 분노하기도 했다. 짧은 시간에 친일파 인사가 독립운동가로 나온다거나, 이순신 장군이 나이키 에어포스를 신고 전쟁에 임했다는 내용 등 유머러스한 것부터 너무나 그럴싸해서 수업 시간에 제대로 배우지 못했다면 역사 왜곡인지 모르고 지나갔을 만한 다양한 사례가 쏟아져 나왔다.

생성 AI는 우수한 성능만큼이나 위험성도 크며, 특히 발달 단계에 있는 어린이들에게는 더욱 그렇다. 교육에 생성형 AI를 활용하는 것에 대한 우려는 과제 베끼기에만 한정된 것이 아니다. 이는 마치 총기 사용법을 모르는 사람에게 총을 건네주는 것과 같아, 의도치 않게 다양한 사이버 범죄를 유발할 수 있다. 또한 글쓰기를 통한 사고력 향상 기회를 잃게 되어 깊이 생각하고 고민하는 과정을 생략하게 된다. 이는 전반적인 학력 저하로 이어질 수 있다. 따라서 성인이 생성 AI를 사용하는 것과 미성년자가 생성 AI를 사용하는 것은 차원이 다른 문제다.

이에 서울시교육청은 학교급별 생성형 AI 활용 지침을 발표했다. 초등학교는 교사 주도로 교육적 의도에 따라 활용하며, 교사 시연을 중심으로 생성 AI를 활용하도록 권장하고 있다. 학생 체험을 할 경우 해당 연령에서 사용 가능한 서비스인지 먼저 확인하고, 또는 교사의 추가 작업을 통해 생성형 AI 산출물의 안전성을 확보할 수 있어야 한다. 중고등학교에서도 마찬가지로 약관에 따른 사용 제한 연령을 준수하며, 서비스 약관과 개인정보 보호법에 따라 부모나 법적 보호자의 동의가 필요한 경우 가정통신문 등을 활용해 보호자 동의 후 사용해야 한다. 초중고 공통으로 수업 및 교육 활동에서 활용할 경우 사전에 생성형 AI의 원리와 한계점, AI의 윤리적 사용에 대한 학생 교육을 필히 실시해야 한다.

생성 AI는 대학 교육과 실무 중심으로 확산되었고 이제는 초중고 교육에도 활용되고 있다. 이러한 변화가 동시다발적으로 이루어지면서 생겨나는 문제는 시행착오가 아직 누적되지 않았다는 것이다. 교육 현장에서 어떤 문제가 발생하는지, 그러한 문제를 어떻게 해결해야 하는지는 결국 현장 전문가인 교사들이 가장 잘 안다. 어느 분야든 관리자들은 다른 분야의 챗GPT 적용 사례를 보고 이를 과도하게 신뢰하는 경향이 있다. 하지만 실무에 챗GPT를 도입하면 시행착오를 통해 생각만큼 결과가 좋지 않거나, 때때로 부정확한 정보를 제공하거나 위험하게 쓰일 수 있다는 사실을 파악하게 된다. 이후 챗GPT

를 실제 업무 프로세스에서 효과적으로 사용할 방안을 만들고 이해하는 과정은 챗GPT 도입 과정에서 많은 교사들이 겪어야 할 과정이다.

따라서 성장만큼 안전이 중요한 교육 상황에서는 성공의 경험보다 더 중요한 것이 시행착오의 경험이며 이러한 사례를 충분히 나누기 위해 실무자들이 모여서 사례를 공유하는 커뮤니티 중심의 학습이 대안이 될 수 있다. 코로나 팬데믹 기간에 페이스북 커뮤니티로 만들어진 'VR메타버스 교사모임', 대전 AI 교육 교사 커뮤니티인 'AI티처스쿨', 코딩하는 선생님들의 커뮤니티에서 시작한 '쪼랩(zzolab)' 커뮤니티는 AI 활용 사례와 스터디 결과를 공유하거나 온라인 연수를 열기도 하고, AI 커뮤니티와 MOU를 맺고 학술대회에서 다양한 사례를 발표하는 등 활동을 확대하고 있다.

한치 앞을 예측할 수 없는 AI 기술의 발전과 점점 늘어나는 기대수명은 평생 학습의 중요성을 일깨운다. 빠르게 변화하는 기술 환경에 적응하기 위해서는 지속적인 학습과 재교육이 필요하기 때문이다. 따라서 초중고 교육에서부터 학생들에게 자기 주도적 학습 능력과 평생 학습의 중요성을 인식시키는 것이 중요하다.

## 참고문헌

교육부(2023.02.23). 인공지능을 활용한 디지털 교육으로 '모두를 위한 맞춤 교육시대' 연다, 대한민국정책브리핑.
https://korea.kr/briefing/pressReleaseView.do?newsId=156554267

김은성(2023.4.30). 이탈리아 챗GPT 차단 해제… "미성년자·개인정보 보호 조건", 경향신문.
https://www.khan.co.kr/economy/market-trend/article/202304301139001

임대준(2024.6.16). "미국 학생·교사, 급속도로 AI 채택 확대… 75~80%가 챗GPT 활용", AI타임스.
https://aitimes.com/news/articleView.html?idxno=160656

조규복(2016.11). 해외의 디지털교과서 추진, 어디까지 왔나, 행복한교육 vol.499.
https://happyedu.moe.go.kr/happy/bbs/selectHappyArticle.do?nttId=6699&bbsId=BBSMSTR_000000000216

# 07
# AI 발전에서 배우는 경쟁 대신 공유

창작, 교육, 산업 전반에 혁명적 변화를 가져온 생성 AI. 이미지넷 프로젝트부터 최신 GPT-4o까지의 AI 발전 과정을 조망하며, 공유와 집단지성 문화가 AI 연구에 미친 영향을 탐구한다. 생성 AI의 등장과 새로운 교육 방식, 그리고 다양한 산업에서의 AI 활용 사례를 소개한다. 또한, AI 시대의 윤리적 문제와 인간 중심적 접근의 필요성을 강조하며, 교육자들의 역할과 AI와의 공존 방안을 모색한다.

AI와 윤동주?

## 이미지넷에서 GPT-4o까지

2024년 5월, 오픈 AI의 GPT-4o 발표를 보면 아이폰을 활용해 챗GPT와 마치 영상통화를 하듯이 소통한다. 사용자가 화면을 보여주며 인사를 건네면, 챗GPT는 상대방의 얼굴 표정과 주변 상황을 파악하고 웃으며 응답한다. 상황에 어울리는 스타일을 제안해 주기도 하고 오늘 기쁜 일이 있냐고 먼저 묻기도 한다.

인공지능이 이미지를 인식하고 사람과 소통할 수 있게 된 배경에는 2007년 페이페이 리(Fei-Fei Li)가 시작한 이미지넷 프로젝트가 있다. 페이페이 리는 2015년 공개한 TED 강연 〈어떻게 컴퓨터가 사진을 이해하게 되었는가〉에서 이미지넷을 시작하게 된 계기를 자세히 설명한다. 그는 아이가 세 살까지 수억 장의 현실 세계 이미지를 보고 세상을 이해하게 되는 것에서 영감을 얻어, 컴퓨터에게 이미지를 이해시키기 위해서는 이전과는 다른 대규모 데이터가 필요하다는 것을 깨달았다. 인터넷으로 10억 장의 이미지를 다운로드하고 아마존 메커니컬 터크(Amazon Mechanical Turk)와 같은 크라우드소싱을 통해 세계 167개국에서 5만 명 가까운 작업자가 10억 장의 후보 이미지 정리 분류 작업을 진행했다. 2009년에는 객체와 사물을 2만 2000개 범주로 분류한 1500만 상의 이미지 데이터베이스를 구축했고 이를 전 세계 연구자들과 공유하고자 온라인 지식 공유 플랫폼인 TED 방식으로 모든 데이터를 무료로 공개했다.

이미지넷 프로젝트를 계기로, AI 분야에서 공유와 집단지성의 문화가 급속도로 확산되었다. 이미지넷의 성공은 대규모 데이터셋의 중요성을 입증했고, 이는 다른 연구자들이 자신들의 데이터셋을 공개하고 공유하는 계기가 되었다. 또한, 연구 결과를 신속하게 공유하는 문화가 형성되어, 아카이브(arXiv)와 같은 프리프린트 서버의 사용이 일반화되었다. 프리프린트 서버는 연구자들이 정식 출판 전에 논문 초안을 온라인에 공개해 빠른 정보 교류를 가능하게 하는 플랫폼이다. 이를 통해 전 세계의 연구자들이 최신 연구 결과를 빠르게 접하고, 이를 바탕으로 자신의 연구를 발전시킬 수 있게 되었다.

또한 오픈소스 문화가 AI 분야에 깊이 뿌리내렸다. 텐서플로(TensorFlow), 파이토치(PyTorch)와 같은 주요 딥러닝 프레임워크들이 오픈소스로 공개되면서, 개인 연구자부터 대기업에 이르기까지 누구나 최신 AI 기술을 활용할 수 있게 되었다. 오픈소스란 소프트웨어의 소스 코드를 무료로 공개해 누구나 자유롭게 사용, 수정, 배포할 수 있게 하는 개발 방식을 말한다. 깃허브

(GitHub) 같은 플랫폼을 통해 코드를 공유하고 협업하는 문화가 확산되어, AI 개발 속도가 더욱 가속화되었다. "코딩은 구글이 한다"는 우스갯소리는 현대 소프트웨어 개발 환경에서 공유와 집단지성 문화의 중요성을 간접적으로 보여 준다.

## AI로 그리는 창의 교육

2022년 챗GPT에 앞서 이미지 생성 AI 달리(DALL · E)와 미드저니(Midjourney)가 발표되면서 디자인, 콘텐츠 창작 분야에서도 새로운 문화가 생겨났다. 소프트웨어 분야에서 시작된 오픈소스의 개념은 최근 디자인 분야로도 확장되어 '오픈 디자인' 형태로 나타나고 있다. 이는 디자이너들이 자신의 작업물을 공개하고, 다른 디자이너들이 이를 개선하거나 변형해 사용할 수 있게 하는 방식으로, 오픈소스의 정신을 디자인 영역에 적용한 것이다.

전통적으로 많은 창작자들에게 몰입과 개인의 고유한 노하우는 중요한 요소였다. 작가, 예술가, 디자이너, 콘텐츠 크리에이터 등은 각자의 독특한 창작 과정을 통해 작품을 만들어 왔고, 이는 종종 개인적이고 비공개적인 과정으로 여겨졌다. 예술 분야 교육에서는 도제식 방법이 널리 사용되어, 스승의 기술과 노하우를 직접 전수받는 방식이 주를 이루었다. 이러한 환경에서 많은 창작자들은 자신의 작업 과정을 공개하기보다는 개인적으로 간직하는 경향이 있었다.

하지만 2022년 제이슨 앨런이 미드저니를 사용해 만든 작품 〈스페이스 오페라 극장〉이 디지털 아트 부문에서 1등상을 수상했다. 이어 2023 소니 월드 포토그래피 어워드의 크리에이티브 부문 수상자인 독일 작가 보리스 엘다크센은 진짜와 가짜를 구분할 수 없게 된 AI 관련 논쟁을 촉발하고자 고의로 출품했다고 밝히며 수상을 거부했다. 이로 인해 기존 작업 방식과 AI를 활용한 새로운 방식이 공존할 수밖에 없는 현실이 부각되었다.

2023년 중반, 생성 AI 활용 사례가 널리 알려지면서 일부 창작자들은 저작권 침해 우려와 고용 불안 등을 이유로 생성형 AI에 대한 우려를 표명했다. 예를 들어, 네이버 도전만화에서는 약 80편의 AI 웹툰 관련 비판적 게시물이 올라왔다.

2023년 5월 2일부터 9월 27일까지 148일간 진행된 할리우드 작가조합(WGA)의 파업은 할리우드 역사상 가장 긴 노동 중단 중 하나였다. 이 파업은 WGA와 영화 및 TV 제작자 연합(AMPTP) 간의 노동 분쟁에서 비롯되었으며, 주요 쟁점 중 하나가 생성형 AI의 활용이었다. 작가들은 AI 기술이 스토리텔링 과정에서 보조 도구로 사용될 수 있지만, 작가를 대체해서는 안 된다고 주장했다. 파업의 결과로 임금 인상, AI 사용 규제, 스트리밍 잔여 수익 보너스 제공 등을 포함한 합의에 도달했다.

작가 장강명은 티타임즈 TV와의 인터뷰에서, 기술과 사람이 서로 영향을 주고받으며 복잡한 관계를 맺게 되면서 사회와 개인의 삶에 영향을 미친다고 했다. 이 과정에서 사람들은 새로운 기술의 활용 방안을 개발하거나 전혀 다른 기술을 만들어 내는 등 다양한 방식으로 대응하며, 이를 통해 삶의 질적 변화가 일어난다고 설명했다. 새로운 기술을 개발한 사람들조차 그 기술이 어떤 영향을 미치고 세상을 어떻게 바꿀지 정확히 예측하기 어렵다. 피터 노왁(2010)의 저서 『섹스, 폭탄 그리고 햄버거』에서는 "흰 가운을 입은 과학자들이 포르노 기술 혁신을 위해 비지땀을 흘리는 연구실은 세상에 없다. 대신에 포르노 산업은 얼리 어답터로서 영향력을 행사한다"고 말한다. 예를 들어, 2차 세계대전 과정에서 소형 필름 카메라가 표준화되었고, 이는 아마추어 영상 제작자들에게 새로운 기회가 되었다. 이처럼 새로운 기술은 대중의 수요가 높고 경제적 잠재력이 큰 분야에서 빠르게 발전하는 경향이 있다.

생성 AI를 활용한 교육의 구체적인 사례로 '15초 광고 만들기' 워크샵을 소개할 수 있다. 이 워크샵은 이미지, 영상, 음악 등 다양한 종류의 생성 AI를 활용하며, 다양한 연령대와 배경을 가진 학습자들을 대상으로 진행되고 있다. 2023년 동명대학교 방학 비교과 과정에서 개발된 이 프로그램은 대학생과 대학원생뿐만 아니라 초중고 학생, 교사, 기업인, 일반인 등 폭넓은 대상에 적용되고 있다. 워크샵은 2~3인이 팀을 이루어 진행되며, 인공지능 챗봇을 활용해 기획과 프롬프트 작성을 수행한다. 참가자들은 생성 AI를 사용해 이미지, 영상, 음악 등을 제작하고, 이를 조합해 15초 분량의 광고 영상을 만든다. 이 과정에서 생성 AI의 다양한 입력과 출력 방식을 경험할 수 있으며, 짧은 시간 내에 결과물을 얻을 수 있다는 장점이 있다. 워크샵의 특징 중 하나는 전체 과정을 패들렛(Padlet)이라는 온라인 공유 보드에 기록한다는 점이다. 참가자들은 작업 과정과 결과물, 그리고 팀별 후기를 이 플랫폼에 업로드한다. 이를 통해 참가자들은 서로의 시행착오와 노하우를 공유하고, 다양한 인사이트를 얻을 수 있다.

생성 AI는 교육계를 넘어 산업 전반과 일상생활 곳곳에 깊이 스며들고 있다. 그 결과, 우리가 무언가를 만들고 표현하는 방식 자체가 근본적으로 변모하고 있다. 이 변화의 속도와 범위는 우리의 예상을 훌쩍 뛰어넘어 때로는 경이로움을, 때로는 불안감을 안겨 준다. 한편으로 이 기술은 창의성의 새로운 지평을 열어 주지만, 다른 한편으로 우리 사회가 이전에 마주한 적 없는 복잡한 윤리적, 법적 난제들을 던져 주고 있다.

## AI와 함께 살아가기

이미지 생성 AI가 발표된 지 2년이 채 안 되어, 생성 AI를 활용해 웹툰을 그리고, 디자인을 하고, 영상을 제작하는 것이 새로운 창작 방법으로 자리잡고 있다. 이 짧은 기간 동안 생성 AI로 작곡한 곡이 공모전에서 1위를 차지하는 등 다양한 분야에서 AI의 영향력이 급속도로 확대되고 있다. 그러나 AI 기술을 악용한 사례도 있었는데, 일론 머스크의 얼굴과 목소리를 모방한 가상인물을 이용한 로맨스 스캠 사건이 발생하기도 했다. 한편, 기업들은 생성 AI를 활용한 광고를 본격적으로 제작하고 있으며, 생성 AI 기술만으로 제작한 한국 영화 〈원 모어 펌킨〉이 국제 AI영화제에서 대상을 받는 등 영화 산업에서도 그 영향력이 커지고 있다. 2024년 12월에는 부산국제인공지능 영화제가 개최될 예정이며, 이와 맥락을 같이하여

부천 판타스틱 영화제는 인공지능(AI) 부문을 신설하기도 했다. 또한, 만화 캐릭터 '까치'로 유명한 이현세 작가는 만화기획사 재담미디어와 함께 50년간 그려 온 만화 4174권 분량의 작품 데이터를 AI에 학습시켜 새로운 결과물을 생성하는 프로젝트를 성공적으로 진행했다.

인공지능 기술의 급속한 발전은 우리 사회의 모든 영역에 변화를 가져오고 있다. 특히 프로그래밍, 문서 작성, 이미지, 영상 창작은 물론 아나운서, 모델, 카메라 감독 등 다양한 직종의 업무 방식도 변화하고 있다. 이러한 상황에서 기존 작업 방식과 AI를 활용한 새로운 방식의 공존은 불가피한 현실이 되었다. 일상 업무에 AI가 도입되면서, 다양한 분야의 활용 사례와 시행착오를 충분히 공유하고 문제점을 개선하며 발전해 나가는 것이 더욱 중요하다. 이 과정에서 개인의 오랜 경험과 재능은 생성 AI로 인해 그 가치가 재평가될 수 있으며, 새로운 프로세스에서 더욱 중요해지거나 새로운 기회를 제공할 수도 있다. 그러나 분명한 것은 AI와 인간이 협업하는 시대가 도래하고 있다는 점이다. 따라서 이러한 변화의 흐름을 인지하지 못하면 미래에 적응하기 어려울 수 있다. 이에 교육자들의 역할이 매우 중요해지고 있다. 현재 상황에 대응함과 동시에 미래를 살아갈 학생들의 관점에서 앞을 내다보아야 하기 때문이다. AI 기술 활용에 대한 찬반 논리를 넘어, 인간 중심적인 관점에서 AI 기술과 공존하기 위한 균형 잡힌 접근이 필요한 시점이다.

## 참고문헌


김경윤(2022.10.28). 이현세, AI에 만화작법 가르친다… 재담미디어와 공동 기술개발, 연합뉴스. https://yna.co.kr/view/AKR20221028096100005

이종민(2024.6.27). "영화제작도 AI시대" 12월 부산서 첫 국제인공지능 영화제, 연합뉴스. https://yna.co.kr/view/AKR20240627111800051

장강명(2023.5.4). "챗GPT 때문에 소설가라는 직업도 쪼개질 것. 기획자, 스토리텔러…" (소설가 장강명), 티타임즈TV. https://youtu.be/v95q1GFe1Go?si=QcFa-CS8EbfK0Sxh

최지연(2023.6.8). 생성형 AI 보이콧 확산...창작자들은 왜 거부감을 보일까, 디지털투데이. https://digitaltoday.co.kr/news/articleView.html?idxno=478432

피터 노왁(2010). 『섹스, 폭탄 그리고 햄버거: 전쟁과 포르노, 패스트푸드가 빚어낸 현대 과학기술의 역사』, 문학동네.

하정우 · 한상기(2023). 『AI 전쟁: 글로벌 인공지능 시대 한국의 미래』, 한빛비즈.

Fei-Fei Li(2015.03). How we're teaching computers to understand pictures, TED2015. https://www.ted.com/talks/fei_fei_li_how_we_re_teaching_computers_to_understand_pictures?

## 08
## 퍼실리테이터로서의 교수자

AI 시대의 급변하는 교육 환경에서 지속가능한 교육 모델로서 협력학습과 서비스 디자인 관점의 수업 설계를 제시한다. 대학 비교과 과정에서 생성 AI 교육 사례와 팬데믹 시기의 원격 수업 경험을 통해 '가르치면서 배우는' 방식, 실시간 협업 도구 활용, 비교과 과정의 중요성 등을 소개하며, 지식의 선순환과 학습 동기 유발 효과를 강조한다. 또한, 교수자 역할의 변화와 학습자 중심 교육의 중요성을 설명한다.

AI와 한의학?

## 서비스 디자인 관점에서의 수업 설계

디지털 기술의 급속한 발전으로 교육 환경이 크게 변화하고 있다. 우리는 이미 2020년 코로나 팬데믹으로 비대면 원격 수업을 경험했고, 2021년 메타버스가 화제가 되면서 가상공간에서의 수업 경험과 2022년 생성 AI의 등장으로 개인 맞춤형 AI 서비스의 가능성을 확인했다.

이러한 변화 속에서 수업의 디지털 트랜스포메이션이 급격하게 진행되면서 사용성 이슈는 강의의 질을 넘어서 수업이라는 전체 서비스의 질을 결정할 수 있는 중요한 요건이 되었다. 이를 이해하기 위해서는 수업을 서비스 디자인 관점에서 해석할 필요가 있다. 1978년 노벨 경제학상을 수상한 인지과학자 허버트 사이먼은 '디자인은 현재의 상태를 더 나은 상태로 만드는 것'이라고 정의했다. 그는 또한 "기존 상황을 더 바람직한 상황으로 바꾸기 위한 일련의 행동을 고안해 내는 사람이라면 누구든지 '디자인을 한다'고 말할 수 있다"고 이야기한다.

팬데믹 기간 동안 교수자들은 원격 수업의 질을 높이기 위한 디자이너의 역할도 함께 해야 했다. 이러한 상황에서 원격 수업을 결정하고 가장 먼저 떠오른 문제는 세 가지였다. 특히 내가 하던 수업은 팀 프로젝트가 있고 실습 위주의 디자인 수업이었기 때문에 강의 내용을 잘 전달하는 것만으로는 한계가 있었다.

첫째, 강의 자료를 업로드해 줘야 하는데 오프라인에서 보여 주던 수업용 PPT 파일 안의 모든 내용에 저작권에 저촉되는 내용은 없는가?

둘째, 학생들과 교수자의 사생활을 보호하면서 안전하게 온라인으로 소통할 수 있는가?

셋째, 비대면 상태에서 실시간으로 팀 프로젝트가 가능한가?

이러한 문제들을 해결하기 위해 강의 자료 문제는 공유 문서로 해결했다. 이전에 사용하던 PPT 강의 자료들을 전부 노션과 구글 슬라이드로 바꾼 것이다. 파일을 업로드해서 내 손을 떠나게 하는 대신, 공유 문서로 새롭게 작성하고 출처도 모두 확인해 수정한 후 공유 문서의 링크를 전달했다. 그렇게 하면 행여나 실수로 잘못 표기한 내용이 있더라도 이후 수정 관리가 용이하니 마음의 부담이 훨씬 덜했다.

둘째, 소통의 문제는 업무용 메신저로 해결했다. 당시 카카오톡과 같은 메신저 사용이 일상이 되어 업무와 사생활의 경계가 흐려지는 문제가 발생하면서 이러한 문제를 해결할 수 있는 슬랙(slack), 잔디(jandi), 카카오 워크스페이스(kakao workspace)와 같은 업무용 메신저

서비스들이 속속 등장하고 있었다. 업무용 메신저에 줌(zoom)과 구글 캘린더를 연동해서 줌 강의실 입실과 관련한 알람이 더 체계적으로 전달될 수 있게 했다. 또한 긴급 상황에 학생들이 교수에게 부담 없이 언제나 질문할 수 있도록 '업무용 메신저로 아무 때나 질문해도 업무 시간에 확인하면 되니 밤이나 새벽에도 필요할 때 질문을 남기세요'라고 공지했다.

셋째, 실시간 실습의 문제는 작업 과정을 실시간으로 확인할 수 있는 화이트보드 플랫폼인 미로(Miro)를 사용했고, 문서 작성은 구글 문서, 발표 자료는 파워포인트 대신 구글 슬라이드를 활용했다. 그리고 필요한 모든 링크를 노션에 걸어서 수업 중에도 실시간으로 아이디어를 구성하고, 결과물을 업로드할 수 있게 했다.

2년간 지속된 언택트 경험 덕분에 실전의 다양한 문제를 해결하며 일하는 방식과 에듀테크 기술도 급속도로 발전했다. 이러한 발전 속에서 생성형 AI를 활용한 교육을 직접 해 보면서 해결해야 할 새로운 문제들이 속속 발견되었는데 교수자로서 그중 가장 문제는 '내가 모르는 걸 학생들에게 가르쳐야 한다'는 것이었다. 이미지 생성 AI 달리가 처음 커뮤니티에 소개되던 2022년 4월, 이제 디자이너 없이도 포스터를 만들 수 있겠다는 이야기들이 올라왔다. 2022년 11월 말 챗GPT가 등장한 이후에는 학생들이 챗GPT로 과제를 하면 어떻게 구분하냐는 걱정들과, 챗GPT가 코딩을 잘하는데 이제 코딩 교육 방향을 어떻게 해야 하냐는 고민들이 등장했다. 아직 불완전하지만 생성 AI의 등장 이후 실제로 업무 프로세스가 바뀔 것이 확실시된 시점에, 졸업 후 새로운 방식으로 일하게 될 학생들을 생각하니 생성 AI를 가르쳐야겠다는 판단이 섰다. 생성 AI 서비스가 업데이트를 지속하는 와중에 생성 AI에 대해 숙지하고 학생들에게 전달하는 데에는 한계가 있었다. 그래서 선택한 것이 협력학습(Collaborative Learning)이다.

대학이나 공교육에서는 비교과 과정에서 협력학습을 더욱 효과적으로 실현할 수 있다. 협력학습은 전통적인 교수자 중심의 교육 방식에서 벗어나, 학습자들이 서로 협력하고 지식을 공유하며 함께 성장하는 교육 모델이다. 이는 특히 빠르게 변화하는 기술 분야에서 매우 효과적일 수 있다. 나는 학생들에게 새롭고 두려운 분야였던 생성 AI 활용 수업에 협력학습이 원활하게 이루어질 수 있도록 퍼실리테이터의 역할을 했다. 다양한 지원 사업을 확인하여 학생들이 참여할 수 있는 비교과 과정을 만들고, 유료 프로그램과 전문가 특강 등을 제공했다.

## 가르치며 배우는 협력학습

동명대 시각디자인학과에서는 2022년 메타버스SW연계 전공을 개설하면서 생성 AI를 활용하는 다양한 비교과 과정을 함께 진행했다. 2023년 여름, 부산시 예산을 지원받아 운영한 비교과 과정에는 3D 그래픽 제작 소프트웨어인 블렌더에 생성형 AI를 활용하는 과정을 개설했다. 생성 AI로 이미지 생성이 잘되고 있던 시점에 3D에도 생성 AI를 접목하는 방식은 초기 단계였고 더욱이 교육에서는 새로운 시도였다. 이전에 없던 새로운 기술이 접목된 완결된 커리큘럼은 존재하지 않았기 때문이다. 블렌더를 가르칠 강사는 있었지만 블렌더에 AI를 함께 가르칠 강사는 없었다. 하지만 생성 AI를 어느 정도 다룰 수 있는 학생들이 있었기 때문에 교육 과정 운영진의 역할을 세분화했다.

AI와 블렌더를 결합한 과정의 운영은 내가 담당 교수로서 맡았고, 제안서를 작성해 수업 운영에 필요한 예산을 확보했다. 이후 블렌더 강사님께 AI를 활용한 수업을 제안하고 생성형 AI를 잘 쓰는 학생들을 보조 강사로 임명했다. 그리고 수업을 기획하는 동안 카카오톡으로 단체 채팅방을 만들어서 수업을 기획하고 필요한 정보를 공유했다.

수업 진행은 다음과 같은 단계로 이루어졌다. 우선 기존 강사가 학생들에게 블렌더의 기초를 가르쳤다. 그 다음, 보조 강사는 블렌더 AI 수업에 활용할 수 있는 'Blender ChatGPT 애드온'과 같은 다양한 플러그인을 조사하고 직접 사용해 본 후 수업에 활용할 프로그램들을 선정했다. 구독료와 크레딧을 파악해서 학생 수에 맞춰 예산을 집행할 수 있게 준비했다. 또한, 직접 해 본 과정을 이미지로 캡처하거나 화면을 녹화해 학생들이 따라할 수 있는 튜토리얼을 만들기도 하고 유튜브에서 잘된 튜토리얼을 참고자료로 가져오기도 했다. 3시간씩 9회차 수업을 진행하면서 학생들은 블렌더 기초를 익히고 AI 도구들을 사용하고 마지막에는 최종 프로젝트를 완료하는 것으로 마무리했다.

생성 AI 교육에는 학습자뿐만 아니라 교수자, 교육 운영자에게도 학습이 필요했다. 학생 보조 강사를 활용함으로써 전통적인 지식과 새로운 지식을 연결할 수 있었고, 학생들이 배운 것을 직접 가르치는 경험을 통해 더욱 깊이 있는 학습이 이루어졌다. 이는 '가르치면서 배우는(Learn by Teaching)' 방식의 효과적인 사례라고 볼 수 있다. 학생 보조 강사들이 새로운 AI 도구와 플러그인을 학습하고 이를 다른 학생들에게 전달함으로써 지식의 선순환이 이루어졌고, 이때 배운 학생들은 교내 다양한 비교과 프로그램을 통해 학습 커뮤니티를 만들어서 지식을 확산할 수 있었다. 이때 제작한 학습 자료 또한 매우 훌륭했는데 학생 보조 강사들이 직접 경험한 내용을 바탕으로 만든 튜토리얼은 동료 학생들의 눈높이에 맞는 효과적인 학습 자료가 되었기 때문이다.

이러한 협력학습 방법은 생성형 AI와 같이 빠르게 변화하는 기술 분야에서 매우 유리하다. 새로운 도구나 기술이 등장할 때마다 신속하게 교육 내용에 반영할 수 있으며, 교수자와 학습자가 모두 계속해서 새로운 것을 학습하는 문화가 형성된다. 그리고 학생들이 직접 참여하고 가르치는 과정에서 높은 학습 동기가 유발될 수 있다. 당시 진행했던 다양한 비교과 과정들로 학생, 보조 강사, 교수자 간의 유용한 인적 네트워크가 형성되어 새로운 프로그램을 시작할 때 가볍게 시작할 수 있는 바탕이 되었다.

협력학습은 단순한 지식 전달을 넘어서는 여러 이점을 제공한다. 학습자들이 빠르게 변화하는 기술 환경에 적응하고 지속적으로 학습할 수 있는 능력을 키우는 데 크게 기여할 수 있다. 또한, 이는 미래의 직업 세계에서 요구되는 협업 능력, 문제 해결 능력, 그리고 지속적인 학습 능력을 함양하는 데에도 효과적인 방법이 될 수 있다.

## 참고문헌

김태형(2018.11.5). [김태형의 디자인 싱킹] 〈9〉더 나은 개선을 위한 사고방식, 전자신문.
https://www.etnews.com/20181102000386

# 09
# 기술 변화와 일자리의 미래

AI 기술의 급속한 발전으로 일자리 지형이 크게 변화하고 있는 현재 AI가 직업 세계에 미치는 영향을 소개한다. AI 도입에 따른 생산성 향상 기대와 근로자들의 실제 경험을 비교하고, "미래는 창조할 수 있다"는 관점에서 AI 시대에 필요한 교육 방향을 제시한다. AI 리터러시, 비판적 사고, 융합적 사고력 등 핵심 역량 강화를 통해 미래를 주도적으로 설계할 수 있는 인재 육성의 중요성을 강조한다.

AI와 화장품?

## AI 시대 일자리의 변화

링크드인(LinkedIn)의 떠오르는 직업(미국에서 가장 빠르게 성장하는 직업) 중 3분의 2 이상(68%)은 20년 전에는 존재하지 않았던 직업이다. 고용주들은 이미 지난 8년 동안 323% 증가한 AI 기술 인재를 확보하는 데 성공했고, 생성 AI의 영향력은 이전 세대의 AI와 다르다. 창의적인 직종과 지식 기반 업무에서 새로운 수준의 생산성을 이끌어 내고 있다. 따라서 교수자는 학생들의 미래 일자리에 생성 AI가 미칠 수 있는 잠재적 영향을 이해하고 교육 방향을 설계해야 할 것이다.

콘텐츠 분야에서 할리우드 작가조합의 파업이나 네이버 웹툰 보이콧 사례는 생성 AI로 인한 직업 대체 불안감을 반영하고 있다. 실제로 생성 AI는 스토리 구성에 많은 시간과 노력이 필요한 보조 작가의 일부 업무를 수행할 수 있게 되었다. 이는 효율성 측면에서 이점이 있지만, 동시에 보조 작가들의 일자리에 대한 우려를 낳고 있다. 이러한 상황에서 AI로부터 높은 품질의 응답을 얻기 위해 최적의 프롬프트 입력값 조합을 찾는 '프롬프트 엔지니어링' 기술을 배우고자 하는 사람이 늘어났다. 그러나 AI를 창의적 작업에 활용하기 위해서는 프롬프트 엔지니어링 기술뿐만 아니라 특정 분야의 전문 지식과 경험이 필수적이다.

그러므로 교육 과정은 특정 영역의 도메인 지식과 함께 생성 AI를 실제로 응용하는 방법을 포함해야 한다. 이러한 변화 속에서 창작자의 역할도 달라질 수 있다. 예를 들어, 작가의 역할이 글을 쓰는 것에서 AI와 협업하여 작성한 글을 선택하고 보완하는 것으로, 나아가 AI에게 효과적인 지시를 내리는 '프롬프트 지휘자'로 변화할 수 있다.

결과적으로 인공지능과 인간지능은 서로 경쟁하는 관계가 아니라 상호 보완적인 관계로 발전하게 될 것이다. 이는 AI 기술의 발전이 인간의 창의성과 전문성을 대체하는 것이 아니라, 그것을 더욱 증폭시키고 새로운 형태의 창의적 작업을 가능하게 할 것임을 시사한다.

2023년 5월 세계경제포럼(WEF, World Economic Forum)은 일자리의 미래 보고서(Future of jobs 2023)를 발표했다. 2016년부터 발표되고 있는 이 보고서는 전 세계 27개 산업 클러스터와 45개 경제권에 걸쳐 총 1130만 명 이상의 근로자를 고용하고 있는 803개 기업의 관점을 종합한 것이다. 2023년 보고서에서는 인공지능과 기술 혁신으로 인해 향후 5년간 6900만 개의 새로운 일자리가 창출되고 8300만 개의 일자리가 사라질 것으로 예측하고 있다. 이는 전 세계적으로 전체 일자리의 약 2%가 줄어드는 것을 의미한다. 비즈니스 업무의 거의 절반(47%)이 자동화될 것으로 전망되며, 생성형 AI는 추론, 의사소통 등과 관련된 역할들을 대체하거나 자동화할 것으로 예상하고 있다.

마이크로소프트와 링크드인이 2024년 5월에 발표한 업무 트렌드 보고서(2024 Work Trend Index Annual Report)에 따르면, 전체 지식근로자 4명 중 3명(75%)이 직장에서 AI를 활용 중이며 사용자의 46%는 6개월 이내에 AI를 사용하기 시작했다. 그러나 많은 직장인들이 업무에 AI를 활용하고 있다는 사실을 공개적으로 밝히지 않고 있는 것으로 나타났다. 업무에 AI를 도입하는 사람들 중 53%는 중요한 작업에 AI를 사용하면 대체 가능한 사람으로 보일지 모른다는 걱정을 안고 있기 때문이다. AI와 일자리를 생각하면 많은 사람들이 일자리 감소를 떠올리지만 의외로 고용주 입장에서는 인재 부족을 걱정하고 있다. 이제 생성 AI를 도구로 활용할 수 있는 비기술 인재를 확보해야 하는 상황이 되었기 때문이다.

온라인 프리랜서 플랫폼인 업워크(Upwork)는 미국, 영국, 호주, 캐나다에서 AI가 직장에 어떤 영향을 미쳤는지 알아보기 위한 설문조사를 진행했다. 회사 임원과 정규직 또는 프리랜서 2500명을 대상으로 실시한 이 조사에 따르면 임원의 96%는 AI가 생산성을 높일 것으로 기대한다. 하지만 실무자들은 현재 AI 도구로 효율성을 개선하는 데 어려움을 겪고 있으며 심지어 77%는 AI 도구가 실제로 생산성을 떨어뜨리고 업무량을 늘렸다고 답했다. 이는 챗GPT와 같은 AI 챗봇의 오류를 검증하는 추가 업무가 발생하고, 새로운 AI 도구 사용법을 익히는 데 시간이 소요되기 때문이다. 직원들의 부담이 가중되는 가운데 경영진이 직원들에게 생산성 향상에 대한 요구와 압박을 늘리면서 직원들은 그 부담을 느끼고 있는 것이다. 조사에 따르면 정규직 직원의 71%가 번아웃 상태에 있으며 65%는 고용주의 생산성 요구로 인해 어려움을 겪고 있다고 답했다.

## 긍정적인 시각으로 창조하는 미래

19세기 산업혁명부터 현재의 인공지능 시대에 이르기까지, 혁신적인 기술은 노동 시장을 끊임없이 재편해 왔다. 18세기 말 시작된 산업혁명은 수공업 중심의 경제를 기계화된 대량생산 체제로 전환시켰다. 이 과정에서 많은 수공업자들이 일자리를 잃었고, 일부는 기계 파괴 운동(러다이트 운동)에 가담하기도 했다. 하지만 장기적으로는 새로운 산업과 직업이 생겨나며 더 많은 일자리가 창출되었다.

근로 시간의 변화를 살펴보면 산업혁명 초기 18세기~19세기 초반에는 근로 시간이 급격히 증가해 주 6일, 하루 12~16시간 근무가 일반적이었다. 어린이와 여성을 포함한 모든 노동자들이 열악한 환경에서 장시간 노동에 시달렸다. 19세기 중후반에는 노동운동이 시작되면서 근로시간 단축을 위한 투쟁이 전개되었고, 1847년 영국에서 10시간 노동법이 제정되었다. 1866년에는 전 세계 노동운동 단체가 모여 8시간 노동제의 법제화를 요구했다. 이후 20세기 초반에는 48시간 근무제가 도입되기 시작했고, 20세기 중반부터는 주 5일 근무제가 도입되기 시작했다. 최근에는 주 4일 근무제를 위한 시도가 진행중이다. 생성형 AI는 업무 효율성을 개선해 근로 시간을 줄이는 데 도움이 될 것으로 기대된다.

기술 발전은 양면성을 지니지만, 교육 현장에서는 AI의 잠재력을 인식하고 적극적으로 활용해야 한다. 미래는 이미 AI 중심으로 변화하고 있으므로, 학생들이 이 기술을 윤리적이고 효과적으로 사용할 수 있도록 준비시켜야 한다. 사용을 금지하기보다는 올바른 활용법을 가르치는 것이 중요하다. 결국 AI 기술의 긍정적 발전은 우리에게 달려 있으며, 교육은 학생들이 AI와 함께 더 나은 미래를 만들 수 있도록 지원해야 한다.

저명한 학자들과 사상가들은 미래를 수동적으로 기다리는 것이 아니라, 적극적으로 개척하고 창조해야 한다는 견해를 공유해 왔다. 미국의 컴퓨터 과학자 앨런 케이(Alan Curtis Kay)는 "미래를 창조하는 최상의 방법은 미래를 발명하는 것이다(The best way to predict the future is to invent it)"라는 유명한 말을 남겼다. 이와 유사하게, 물리학자이자 발명가인 데니스 가보르(Dennis Gabor)는 "미래는 예측할 수 없지만 미래는 발명할 수 있다(We cannot predict the future, but we can invent it)"고 주장했다.

이러한 사상은 현대 경영학의 선구자로 알려진 피터 드러커(Peter Drucker)의 견해와도 일맥상통한다. 드러커는 "미래를 예측하는 가장 좋은 방법은 그것을 창조하는 것(The best way to predict the future is to create it)"이라고 말하며, 미래에 대한 능동적인 접근의 중요성을 강조했다. 과거와 현재를 분석하면서 앞으로의 변화를 예상할 수 있지만 실제로 미래를 결정하는 것은 우리의 행동과 선택이기 때문이다.

AI와 일자리의 미래에 대한 논의에서도 이 원칙은 매

우 유효하다. AI 기술의 발전이 일자리를 대체할 것이라는 우려가 존재하지만, 우리가 미래를 직접 만들어 나간다면 AI는 오히려 새로운 기회와 일자리를 창출하는 도구가 될 수 있다.

이러한 급변하는 상황에 대처하기 위해 교육 시스템은 다음과 같은 핵심 역량을 강화하는 데 초점을 맞춰야 한다. 첫째, AI 리터러시 교육을 통해 학생들이 AI 기술을 이해하고 효과적으로 활용할 수 있도록 해야 한다. 둘째, 비판적 사고와 창의성 개발에 중점을 두어 AI가 대체하기 어려운 인간 고유의 능력을 키운다. 셋째, 융합적 사고력을 강화해 다양한 분야의 지식을 통합하고 새로운 해결책을 도출할 수 있는 능력을 기르는 것이 중요하다. 넷째, 지속적인 학습 능력과 적응력을 키워 빠르게 변화하는 직업 환경에 대응할 수 있도록 해야 한다. 다섯째, 윤리적 판단력을 기르는 교육을 통해 AI 기술의 발전에 따른 사회적, 윤리적 문제에 대처할 수 있어야 한다. 마지막으로, 효과적인 의사소통과 협업 능력을 강화해 AI와 인간이 조화롭게 일할 수 있는 환경을 조성하는 데 기여할 수 있어야 한다. 이러한 교육을 통해 학생들은 AI 시대의 새로운 기회를 포착하고, 지속 가능한 커리어를 개발할 수 있을 것이다.

## 참고문헌


윤효원(2023.5.8). 1799년 영국, 1911년 일본, 2023년 대한민국, 매일노동뉴스. https://www.labortoday.co.kr/news/articleView.html?idxno=214933

학생인권교육센터(2022.5.4). 제132주년 노동절 계기교육 자료(전북노동정책연구원), 전북교육포털. https://www.jbe.go.kr/board/view.jbe?boardId=BBS_0000191&orderBy=REGISTER_DATE:DESC&paging=ok&startPage=179&searchOperation=AND&dataSid=470692

Attilio Di Battista et al.(2023.4.30). The Future of Jobs Report 2023, World Economic Forum. https://www.weforum.org/publications/the-future-of-jobs-report-2023/

Microsoft and LinkedIn(2024.5.8). AI at Work Is Here. Now Comes the Hard Part, 2024 Work Trend Index Annual Report. https://www.microsoft.com/en-us/worklab/work-trend-index/ai-at-work-is-here-now-comes-the-hard-part

The Upwork Research Institute(2024.7.23). From Burnout to Balance: AI-Enhanced Work Models, Upwork. https://www.upwork.com/research/ai-enhanced-work-models

quoteresearch(2012.9.27). We Cannot Predict the Future, But We Can Invent It, Quote Investigator. https://quoteinvestigator.com/2012/09/27/invent-the-future/

## 10
## AI 시대의 도전: 집중력, 탈숙련화, 윤리, 저작권

AI와 디지털 기기의 과도한 사용이 초래하는 집중력 저하와 탈숙련화 문제가 교육계의 새로운 과제로 대두되고 있다. '팝콘 브레인'과 '슬러지 콘텐츠' 등 디지털 환경의 부작용을 조명하고, AI 시대의 교육 방향을 모색한다. 또한 AI 생성 콘텐츠의 저작권 문제와 윤리적 기준을 다루며, AI 리터러시 교육의 중요성과 개인의 고유한 능력 계발 필요성을 강조한다. 아울러 교육자의 역할 변화와 윤리적 판단의 중요성을 제시한다.

종교와 AI?

## 팝콘 브레인과 탈숙련화

미래를 긍정적으로 창조하기 위해서는 문제를 적극적으로 진단하고 해결해 나가야 한다. 이 장에서는 생성 AI를 다양한 대상에 교육하고 활용하면서 느꼈던 문제들을 소개하고자 한다. 문제를 인식하고 해결하는 과정이 결국 생성 AI를 건강하게 받아들이고 공존하는 첫 단추라고 생각하기 때문이다.

디지털 기기와 AI의 과도한 사용이 현대인의 집중력 저하에 영향을 미치고 있다는 연구 결과들이 나오고 있다. 미디어 이론가 마셜 매클루언의 '쿨 미디어와 핫 미디어' 개념을 빌리면, AI는 사용자의 적극적인 참여를 요구하지 않는 '쿨 미디어'에 가깝다. 챗GPT를 사용하면서 우리는 더 이상 구체적인 아이디어를 내고, 문장의 종결어미를 걱정할 필요가 없어졌다. 글을 쓰는 것은 고도로 집중력을 요구하는 작업이다. 아이디어를 구상하고, 문장을 만들고, 전체적인 구조를 잡는 과정에서 우리의 두뇌는 매우 활발하게 작동한다. 그러나 AI의 도움으로 이러한 과정이 간소화되면서, 우리는 점점 깊이 있는 사고와 집중력 훈련의 기회를 잃어 가고 있다. 이러한 현상은 단순히 글쓰기 능력의 저하에 그치지 않는다. 집중력은 학습, 문제 해결, 창의적 사고 등 다양한 인지 활동의 기반이 되는 핵심 능력이다. AI에 과도하게 의존하면서 우리는 이러한 능력을 점차 잃어 갈 위험에 처해 있다.

이러한 상황에서 2025년부터 인공지능(AI) 디지털 교과서 도입을 앞두고 미래 교육을 위한 다양한 준비가 이루어지고 있다. 교사들이 새로운 교육 도구를 효과적으로 활용할 수 있도록 다양한 주제의 교사 연수를 통해 교사들이 디지털 교과서와 인공지능 교육의 장점을 체화할 수 있게 지원하고 있다. 교수자의 역할을 학습 퍼실리테이터로 재정의할 수 있다. 초·중등학교 교사 공동체인 AI티처스쿨의 대표이자 교사 김진관은 AI 디지털 시대에 따른 깊이 있는 학습을 위한 디지털 기반 아날로그 수업의 필요성을 강조했다. AI로 패러다임의 변화가 시작된 이때 학생의 배움과 성장을 위해 인공지능 기술을 적절히 활용할 줄 알아야 하며, 디지털 교육은 아날로그 교육을 완성하기 위해 존재해야 한다고 설명한다.

디지털 전환과 관련한 집중력 저하의 원인으로 '숏폼'은 최근 심각한 이슈로 떠오르고 있다. 일부 의사들은 숏폼 비디오가 더 빠르게 많은 도파민을 얻을 수 있는 합성 마약과 효과가 비슷하다며 디지털 마약이라는 표현을 사용하면서 숏폼 비디오에 대해 경고하고 있다. 자극적인 영상에 반복 노출되면 '팝콘 브레인' 현상이 발생해 일상에 흥미를 잃고 강한 자극만을 추구하게 된다. 이러한 숏폼 콘텐츠의 문제는 생성 AI의 등장으로 더 악화되고 있다. 생성 AI 기술은 진실과 거짓을 구분하기 어려운 무책임한 콘텐츠를 대량으로 쉽게 생산할 수 있게 만들었다. 이로 인해 사람들의 말초신경만을 자극하는 '슬러지 콘텐츠'가 폭발적으로 증가하고 있다. 특히 우려되는 점은 현재 교육을 담당하고 있는 세대가 이러한 새로운 디지털 환경을 직접 겪어 보지 못했다는 것이다. 유튜브 쇼츠, 틱톡, 인스타그램 릴스와 같은 숏폼 플랫폼의 주요 콘텐츠 프로슈머(prosumer)는 주로 10대와 20대 초반이다. 때문에 교육자들은 학생들이 직면한 디지털 환경의 복잡성을 완전히 이해하고 대응하는 데 어려움을 겪을 수 있다.

그렇다면 생성 AI를 활용하면 우리의 글쓰기 능력이 실제로 향상될 수 있을까? 이는 AI와 인간 능력의 상호작용에 대한 중요한 질문이다. 일부에서는 생성 AI가 우리를 '슈퍼 개인'으로 만들어 줄 것이라고 기대하지만, 동시에 '탈숙련화'라는 우려도 제기되고 있다. 탈숙련화란 기술의 발전으로 인해 인간이 특정 기술이나 능력을 점차 잃어 가는 현상을 말한다. 이는 교육 과정에서 특히 주목해야 할 중요한 문제다. 예를 들어, 휴대전화의 보급으로 전화번호를 잘 외우지 못하게 되었고, GPS 내비게이션을 쓰면서 길 찾는 능력도 저하되었다. 더 심각한 예로, 자율주행 차에 익숙해진 운전자가 일반 차량을 운전할 때 주차 기어를 넣지 않고 시동을 끄는 위험한 실수를 하는 경우도 있다. 이러한 기술 의존은 단순한 편리함을 넘어 중요한 기본 능력의 퇴화로 이어질 수 있다. 특히 긴급 상황에서 이러한 능력 저하는 심각한 문제를 초래할 수 있다. 따라서 생성 AI를 교육에 도입할 때는 이러한 탈숙련화의 위험성을 충분히 고려해야 한다. AI를 보조 도구로 활용하되, 핵심적인 인지 능력과 창의력을 계속해서 개발하고 유지하는 방법을 함께 모색해야 할 것이다.

생성 AI의 경우, 글쓰기, 프로그래밍, 디자인 등 다양한 분야에서 탈숙련화를 야기할 수 있다. 예를 들어, AI의 도움으로 쉽게 글을 작성하다 보면, 스스로 글을 구상하고 표현하는 능력이 약화될 수 있다. 원래 잘하던 것을 점차 못하게 되는 것뿐만 아니라 새로운 생각을 다듬을 기회를 잃을 수 있다. 윌리엄 진서의 『글쓰기 생각쓰기』에서는 글쓰기는 결정의 연속이라고 말한다. 고민하며 글을 고르는 과정에서 생각의 과정을 정리하고, 새로운 아이디어를 발견하고, 문제를 해결하는 데 도움을 받을 수 있다. 그러나 인공지능 챗봇을 활용하면서 생각하는 능력이 퇴화될 수 있다.

이러한 상황에서 AI 리터러시 교육의 중요성이 더욱 부각되고 있다. AI 활용법을 가르치는 것뿐만 아니라, 기본적인 읽기, 쓰기, 생각하기, 토론하기 등 뇌를 적극적으로 사용하는 활동을 강화해야 한다. 디지털 교육만으로는 충분하지 않으며, 디지털 기반의 아날로그 교육이 병행되어야 한다.

## 저작권과 윤리적 기준

생성 AI를 활용한 교육을 하다 보면 너무나 쉽게 저작권을 침해하는 상황을 접하게 된다. 저작권 침해의 원인은 여러 가지인데, 어린이들을 대상으로 워크숍을 할 때는 그들이 좋아하는 게임이나 애니메이션 캐릭터를 생성하길 원하기 때문에 무심코 입력한 프롬프트를 기반으로 저작권을 침해하는 이미지가 생성되기도 한다. 또한 생성 기술이 발전하면서 새로운 문제가 발생하기도 한다. 2023년 3월에는 '파워퍼프걸처럼 러블리한 요정'이라고 입력하면 파워퍼프걸을 닮지 않았지만 귀엽고 발랄한 느낌의 이미지가 생성되었다. 하지만 2024년부터는 같은 프롬프트로 명백히 파워퍼프걸의 IP를 침해하는 결과물이 나오기 시작했다.

인공지능 챗봇이 다양한 인풋을 받아들여 멀티모달을 지원하면서 또 새로운 문제가 발생한다. 타인의 작품을 챗GPT에 업로드하고 '이 그림과 비슷한 그림을 그려 줘'라고 입력하면, 원작의 핵심 아이디어를 그대로 반영한 새로운 그림이 생성된다. 이걸 표절이라고 봐야 할까? 그리고 내 아이디어를 표절당했다고 한들 원본 그림의 작가는 과연 알 수 있을까?

생성 AI 초기에는 AI 생성 이미지의 저작권 인정 여부와 개인 데이터의 무단 학습 문제가 주요 쟁점이었다. 생성 AI로 만든 결과물에 대한 저작권 인정은 디자인, 콘텐츠 산업에서 상업적 활용을 위해 중요하며, 개인 작품의 스타일 보호는 작가의 지속적인 활동을 위해 필수적이다. 따라서 AI를 새로운 기회로 활용하려는 이들과 기존의 전문가들 모두에게 저작권 문제는 중요한 관심사다.

결론부터 말하면 AI 생성 콘텐츠의 저작권 문제는 아직 명확한 법적 기준이 확립되지 않은 상태다. '새벽의 자리야(Zarya of the Dawn)' 사례는 이 문제의 복잡성을 잘 보여 준다. 2022년 9월, 크리스 카슈타노바(Kris Kashtanova)는 AI로 생성한 이미지를 포함한 그래픽 노블 『새벽의 자리야』에 대해 미국 저작권청으로부터 저작권 등록을 받았다. 카슈타노바는 AI 도구 미드저니를 사용해 이미지를 생성했고, 이를 자신이 쓴 이야기와 결합해 작품을 만들었다. 하지만 이 작품에 AI로 생성한 이미지가 활용되었다는 사실이 알려지자 2023년 2월, 미국 저작권청은 이 저작권 등록을 부분적으로 취소했다. 저작권청은 텍스트와 이미지의 선택, 조정, 배열에 대한 저작권은 인정하지만, AI가 생성한 이미지 자체에 대해서는 저작권을 인정할 수 없다고 발표했다. 현재 미국 저작권청은 AI가 생성한 이미지에 대해 저작권을 인정하지 않고 있으며, 2023년 3월「인공지능 생성물 관련 저작권 등록 안내서」를 통해 이러한 입장을 공식화했다. 이는 AI 생성물을 인간의 창작물로 볼 수 없다는 판단에 근거한 것이다.

AI 생성 이미지의 저작권 문제는 19세기 말 사진의 저작권 인정 과정과 유사한 면이 있다. 초기에는 사진이 '기계적 과정'이라는 이유로 저작권을 인정받지 못했지만, 시간이 지나면서 사진작가의 창의적 개입을 인정해 저작권을 부여하게 되었다. AI 생성 이미지도 이와 유사한 과정을 거칠 가능성이 있다.

생성 AI와 관련된 저작권 문제는 기술의 발전 속도만큼이나 빠르게 변화하고 있다. 현재로서는 AI 생성물에 대한 저작권 인정 여부가 불확실하지만, 사진의 저작권 인정 과정을 참고해 볼 때 향후 변화의 가능성이 있다. 이러한 상황에서 교육자와 학습자 모두는 AI 기술의 활용과 함께 윤리적, 법적 측면에도 주의를 기울여야 한다. AI 리터러시 교육을 통해 기술의 올바른 사용법을 익히고, 동시에 인간 고유의 창의성과 비판적 사고력을 키우는 균형 잡힌 접근이 필요하다.

무엇보다 생성 AI 활용 시 윤리적 판단이 기반이 되어야 한다. 혁신적 기술로 누구나 인간의 한계를 넘어설 수 있게 된 지금, 어느 때보다도 인간의 선한 의도가 중요하다. 이를 통해 우리는 AI 시대의 기회를 최대한 활용하면서도, 발생 가능한 문제들에 적절히 대응할 수 있을 것이다.

### 참고문헌


마셜 매클루언(2011). 김상호 옮김. 『미디어의 이해』, 커뮤니케이션북스.

유영수(2024.1.19). '숏폼' 디지털 마약인가… 나도 혹시 중독?, 스브스뉴스. https://news.sbs.co.kr/news/endPage.do?news_id=N1007506064

이수현(2023.4.21). 미국 저작권청「인공지능 생성물 관련 저작권 등록 안내서」검토보고서, 한국저작권위원회

https://www.copyright.or.kr/information-materials/trend/the-copyright/viewPress.do?brdctsno=51831

이효진(2023.2.28). '숏폼' 콘텐츠 열풍, '틱톡, 유튜브 쇼츠, 인스타그램 릴스'로 "세상을 본다", 코스인. https://www.cosinkorea.com/mobile/article.html?no=47668

**원종윤**

동명대학교 시각디자인학과 조교수다. 홍익대학교에서 미술학 박사학위를 받았다. 2022 AI연계 창작자 양성사업의 과제 책임자로서 AI 융합 교육을 시작한 후 동명대학교 SW중심대학 사업단 지원으로 메타버스SW연계전공을 운영하고 있다. 한국교원대에서 인공지능융합 교육전공 〈AI융합 교육 전공 프로젝트〉, 〈생성형 AI 디지털 융합 교육론〉을 강의하고 있다(2022~). 사단법인에이아이프렌즈학회 학술이사로 학회 내 창의AI연구회장으로 활동하고 있다(2022~). 고등학교 발명과 디자인 교과서(AI활용 캡스톤디자인 부분 집필)와 한국지능정보사회진흥원(NIA) "인공지능 활용 활성화 방안 연구" 집필에 참여했다. KBS뉴스7 부산에서 주 1회 인공지능 소식을 전하는 〈아핫AI〉코너를 진행하고 있다. EBS 다큐 '교육대기획 대한민국, 교육이 희망이다'에 자문 및 출연했으며, 서울특별시교육청, 부산/대전광역시교육청 등을 통해 생성 AI와 교육에 관한 다양한 강의를 하고 있다.